シーブおばーに乾杯！

沖縄を生き抜いた
型破りな母と
愉快な家族

安座間美智恵
Azama Michie

風詠社

まえがき

私が母の自伝を書こうと思い立ってから十年が過ぎ、それから実際に書き始めたのは退職後の六十二歳で今回ようやく実現する運びとなりました。

素人の自分にどれだけ母の生き様が書けるのだろうか……。

他人の人生などに、どれだけの人が興味を持ってくれるのだろうか……。

友人達に勧められ不安の中でペンを執ってみましたが、母のウチナー方言（沖縄方言）と、戦争の話や様々な逸話について、高齢のためか記憶が曖昧な箇所がありました。それらに苦戦しながらも、時には話の面白さに笑い、時にはその悲しみに涙し、時には愛の深さに脱帽しながら、我が母シズ（比嘉《ひが》静子《しずこ》）の生きてきた人生の証しをここに記すことが叶えられた事、本当に嬉しく思います。

男勝りで型破りな我が母シズ、この母からこの世に生を受け、生きながらえた私は本当にラッキーだったと思い、母への感謝の気持ちを忘れることがないよう、この本を母に捧げたいと思います。

また母の血と汗とユーモアを盛り込んだおもしろいエピソードを紹介する回想録が、少しでも皆様のお役に立てて頂ければ幸いです。

回想録に加えて、母の旅行の記録や読書録などを付記いたしました。どうぞご覧になってください。未熟者ではありますが、よろしくお願い申しあげ、ご挨拶といたします。

安座間 美智恵

【お断り】

本書は、高齢の母親からの聞き書きを基にしております。よって誤りや記憶違い、言葉足らずな表現も多々ございますので、その点はご容赦くださいますよう、あらかじめお詫びしておきます。

シズおばーに乾杯！◎目次

沖縄県

第一章　シズの誕生

▲大正 14 年生まれ（1 段目左端シズ）
昭和 15 年 3 月　高等小学校 2 年生の卒業記念写真
（写真提供：新崎康守）

東村有銘《ひがしそんあるめ》といえば、今も昔も沖縄県の北部の片田舎で山と海しかない寂しい所だ。

大正十四年十一月五日、我が母シズ（当時ツル）(注1)は、父の仲嶺真助と母のウトの五女として産声をあげた。喜ばしいはずの誕生なのだが、親戚の誰もがため息をついた。何しろ仲嶺家には跡取りがなく、いずれも上からカメ、ウシ、スミ、エミ、ツル（本人）と女ばかり続いたからである。祖父は儀間真常《ぎましんじょう》の子孫に当たり元々は与那原に住んでいたが、明治の廃藩置県以降、十四歳の頃に新天地を求めて親子でヤンバル船に乗り、北部の片田舎の有銘に移り住んだそうだ。

ここでは自給自足で主に芋とその葉と茎の「カンダバー」(注2)を主食にして生計を立てていた。地元では貧しい子供達に一週間に一回、県から派遣された講師に漢文を教わるのだが、子供達は「学校じータンメー（おじいさん）」とあだ名で呼び、大半の子供達は難しくてほとんど興味を示さなかったらしい。しかし祖父は学問が好きで一生懸命講義を受け、当時としては集落で唯一の知識人になっていたと母は言った。

祖母のウトは三人姉妹の長女で、六歳の頃に父親が肺炎で死んだ後、次女と一緒に父方の従兄に引き取られ、三女はまだ幼子ゆえ実母のもとで育てられた。祖母は六歳で畑仕事、八歳で主に山羊の世話をして過ごしたとの事。実母が面会に来ても捨てられたという意識が強く頑なに会うのを拒んだことを後に、「後悔した」と母に語ったのだそうだ。それにしても昔の女性に動物や道具の名前が多いことは、男尊女卑の考えが当たり前だったのだろうか。

沖縄の笑い話に宮古から本島に送った電報で、「カマとぶ、すぐ帰れ」。その意味は、カマさんが飛行機でそちらに行くから早く帰ってくるように。

何だか意味深な内容ともとれ、こちら側に笑いと興味を注いでくれた。また最近、テレビのバラエティ番組「ナニコレ珍百景」で、道端の店や交通安全と書かれたおもしろい標語を紹介したコーナーがあった。そこに沖縄の北部で見つけた道路を渡る時の注意書きに「カメ通る。スピード落とせ」の標語が紹介されていた。ゲストの人達は、一様に「ええ～」と叫び声を上げていた。たぶん、亀が道を通るから、車のスピードを落とせという意味だと勘違いしたのだろうが、沖縄人ならそのカメはリクガメの事ではなく、カメばあさんの事だとすぐわかるのだが……このように、沖縄では名前にまつわる話がたくさんある。

さて、我が母シズは幼い頃から男勝りで、その勝気な性格からか、近所の悪ガキ男子によくからかわれ、囃したてられたそうだ。学校帰りに身なりの良くない母を見つけては、悪口を言うのだ。

「貧乏人の女のくせにいばるな～」「女に何ができるか～」「勉強も出来んくせによ～この貧乏人が」と悪ガキ達。

母シズは、「男だからといばるなよ～。今に金持ちになって見返してやるから～」と、いつもワジワジー（腹を立てる）していたそうだ。

母が六歳の頃、祖父が享年四十九歳で他界。貧乏ではあったが祖父は学問に長け、寺小屋で子供達に漢文を教えたり、地域の人達の手紙の代筆を頼まれたりとなかなかの有名人だったらしい。その祖父の遺言が、

「女ばかりだがお金はなくても高等小学校（注3）（現在の中学二年）まではいかせてくれ。これからは女も学問で身をたてるかも知れない世の中になるから」という言葉だったらしい。

祖母は朝早くから夕方まで畑に芋を掘りに行き、何とか生計を立てていた。そんな中、母ツル（シズ）は毎日芋だらけのご飯に嫌気が差し、食事をしない日が

続いた。

とうとう祖母はわずかな米をさらさらのおかゆにして母に食べさせてくれたそうだ。

母の姉達は怒り爆発。

カメ「一番下だからといってあまえさせるな」

ウシ「美人じゃないから、お米食べさせるな」

スミ「そうだよ、妻にする人はいないよ」

エミ「貧乏人は、芋をたべるもんだよー」

と祖母をなじった。

母によると五人姉妹の中で自分は一番ヤナカーギー（不細工）だったと言う。一番上の姉はまああの美人、二番目と三番目も面長で整った顔立ち、四番目の姉が特に色白美人だったらしい。それに比べ自分は顎が角張って痩せていたので、眼だけが鋭くどう見ても美人に程遠い存在で、それが母の唯一のコンプレックスになっていたとの事。

忙しい祖母を助けようと五年生の頃、朝から姉達と山に薪を取りに行っていたため、学校では遅刻が続き教室の廊下に立たされていた。事情を聞き入れてくれない担任の先生に怒った母は、校長先生の所へ出向き大目に見て貰えるよう懇願したそうだ。何事も納得がいかないと、とことん向き合い解決してしまう。

この頃は誰もが教師に噛みつくことなんか考えられない時代なのだが、肝っ玉がすわっているとしか言いようがない。また家庭科の授業のたびに裁縫セットを準備してこない母に、担任の先生は反抗心かと勘違いをして家庭訪問をしたそうだ。

実は、祖母は体が弱く喘息を患っていて毎日「ゴホ、ゴホ、ゴホ」と咳き込みながら仕事をしていたので、母は気の毒でお金の負担が掛かる裁縫セットの購入を言い出せなかったのだそうだ。

担任の先生は祖母から家庭の実情を聞くや否や母を二年間引き取らせてくれと頼み、裁縫の基礎をしっかり学ばせてくれた。それは後に母の人生に大いに役立つ事となる。母は人の世話になることを、そう簡単に受け入れるような人ではない。先生の好意を無駄にしかねないのだが、祖母に「貧乏人が勉強してどうするか」と、くってかかったそうだ。

担任の先生から「あなたのお母さんから頼まれた」と説得され、不承不承ではあったが、取りあえずお世話になることにした。

ところが、いざ先生のところに世話になってみると、おいしいごちそうが出るわ出るわ、ハワイの親戚から送られてくるアメリカのチョコレートに味をしめ、率先して家の掃除や風呂焚き、庭掃除をし、二年間かわいがってもらったそうだ。

尋常小学校六年を経て、現在の中学に当たる高等小学校二年。クラスに女子はたった四人、そのうち三人はお金持ちのお嬢さん（当時の名前も覚えていて新垣さん、當間さん、稲福さん）と一緒に過ごしたそうだが、学問はほとんどせず教師に反抗する悪ガキだったらしい。

母もただ反抗していたわけではなく、教師の中にも、金持ちと貧乏人とを差別したり、ひいきが際立っていたらしく、母は学校生活が面白くも何ともなく、心の内では「学問をしたところで金持ちなんかになれるわけがない。いつか貧乏から抜け出して金持ちになってやるんだ」と子供心に思ったそうだ。

ただ、これは母の武勇伝のほんの序章に過ぎなかった。

（注1）東京へ上京し、馴染めないツルを親身になって助けてくれた人（静子さん）への感謝を忘れまいと自分の名前を「ツル」から「静子」に変えた。
（注2）カンダバー：食用甘藷の葉（カズラ）を指す、沖縄地方の方言であり、沖縄では一般的な葉野菜として家庭で常食されている。
（注3）高等小学校：昭和十六年四月一日をもって国民学校令の施行により、高等小学校は国民学校高等科となり、高等小学校は消滅した。

第二章　仲嶺商店

▲仲嶺商店のウンメーさん

昭和十五年、母が十六歳の頃、親戚の与儀さんから「東京日進織布」の求人募集があるとの勧めで東京に上京。ここでは軍服を染める仕事が主だったらしい。しかし、わずか一年で沖縄に戻ることになった。

ここ日進織布でのみやげ話に母らしいエピソードがある。

日進織布で働いていた母は祖母の還暦祝いのお金を工面しようと、七人の同僚達に「貧乏ながら実の子でない自分を育ててくれた継母の還暦祝いを盛大に祝ってあげたい」と、嘘の身の上話を持ちかけ皆の同情を誘い、それぞれの夜間の勤務を譲ってもらったのだそうだ。

同僚達の内、ほとんど毎日というほど仕事を譲ってくれて、そのうえ夜勤が終わって寮に帰ってくると、夜食を準備してくれたり身の周りを何かと世話をしたり、困ったときは相談にのってくれたり、親身になって助けてくれた人が沼尻静子さんという方だった。

馴れない東京暮らしで寂しい母にとって、彼女の存在は大きく実の姉のように慕っていた。恩人の「静子」さんを「決して忘れまい」という感謝の気持ちから、なんと自分の名前を「ツル」から「静子《しずこ》」に変えたといういきさつがあった。

また、もう一つのエピソードに当時品物を港に運ぶ麻袋（メリケン袋）を利用して、おしゃれな切り替えワンピース（二つの違う素材を組み合わせ、一枚なのにトップスとスカートを着ているように見える）の胸元と裾に刺繍を施し、違うパターンの洋服を四着作り、周囲を驚かせた。これは小学校の恩師から学んだ裁縫の基礎が発揮されたエピソードだろう。感銘深い話である。

しかし、苦労して貯めた百円（当時のお金で百万円に値する）を祖母の還暦祝いにと送ったのだが、祖母は姉夫婦達の生計に差し出してしまった。それを聞いた母は姉妹喧嘩の果てに家を飛び出し、昭和十七年当時、薪を運ぶ貨物船だったヤンバル船に無料《ただ》で乗り、三日間かけて遠い親戚にあたる与那原の「仲嶺ウシ」さんを訪ねる事となる。

後にこの人が母の人生の恩人となり運命の人となるのだ。ちなみにこの人の名前は当時の沖縄では多い名前のナンバー一、二に入る。母はウチナー方言で「ウンメーさい（おばあ様という意味）」と呼んで後に商売のノウハウを叩き込まれ、色々な商いを教わることになった。

このウンメーさんは「仲嶺商店」という看板で店を開いていたが、中々の強面で、周囲からはあの店では一ヶ月も持たないから止めておけと猛反対されたそうだ。

このウンメーさん、雇う前にどんな人物か、商売人としての気質を調べたり観察したりして試すくせがあり、ほとんどの人が辞めさせられたとの噂が絶えなかった。

母は取り合えず雇ってもらって店番をする事となった。

ある日のこと、米を研ごうとするとお米の中からお金が顔を出したり、タンスの引き出しから洋服を取ろうとするとポケットにお金が入っていたり、また店の売り物の糸の中や小物入れにもお金が入っていたりと、毎日毎日何かしらお金が目に付く。

不思議に思いつつ、母はその都度、お金を差し出すとウンメーさんはとても感心し、後になって母を試していたことを白状した。

当時は皆が貧乏でお金に飢えていた時代。誰もがドロボーになってもおかしくない。

しかし、それでは商売が成り立たない。ディキヤー（頭がいい・賢いとの意味）ウンメーさんは自分の商売をきちんと伝える人材がほしかったようだ。

それが、戦後、自分達の土地に駐留したアメリカ軍がウチナーンチュ（沖縄の人）にもたらした闇取引という密売を通して、商いを繁盛発展させるノウハウを、このウンメーさんから教わることになる。沖縄の闇取引とはどんなものなのか、当時の密貿易について興味を持ったので、図書館に通い沖縄に関する資料を読んで、私なりの見解ではあるが、簡単に述べてみたいと思う。

終戦後、米軍占領支配下における収容所での人々への物資の配給が始まり軍作業に従事させられた人々が、無給の形で缶詰や他の物資を入手することが出来たのだが、それだけでは生活が苦しく徐々に米軍の目を盗んで米軍倉庫からタバコや薬剤、各種の兵器類等の物資を盗んでは物々交換をするいわゆる「戦果（戦争・戦闘によって得た成果）」と呼ばれる人々が出てきたのである。そして、それは戦前から交易のあった台湾と与那国（別名：渡難《どなん》）の間で、戦後初の密貿易ルートとして始まり宮古、八重山、沖縄本島、日本本土やさらに、香港・マカオの商人達との間で瞬く間に拡大し一大勢力と成って行ったのである。そのため米軍と民間の警察による取り締まりが強化され様々な苦難の中、一九四九（昭和二十四）年に、その好景気時代は終わりを迎える。

しかし、沖縄本島では夜な夜な台湾船が馬天《ばてん》港（現在の南城市）に到着しては軍作業の民間人からアメリカのお菓子やコーヒー、薬剤のペニシリン軟膏を売ったり買ったりの闇取引が行なわれ、母もそのおこぼれを買っては与那原のウンメーさんに届けていたそうだ。そのお陰で「仲嶺商店」は大繁盛し、毎日ウンメーさんの手作り料理（ジューシー（雑炊）と野菜チャンプルー）でおもてなしのマーサムン（おいしいもの）攻撃に感銘を受け、母はますます奮闘したとの事。今でもあの時代に食いっぱぐれなかったことを誇りに思っている。

仲嶺商店では昭和十六年から十八年の三年の間に闇取引の仕方を教え込まれ、ジンブン（頭の使い方）勝負と度胸のよさや生きる術を徹底的に教育されるのである。

さて、我が母はウンメーさんから教わった闇取引をどのようにして実践したのか。

例えば、戦争の始まる前、沖縄でも鉄道（今でもその名残が宜野湾市大山にある）が敷かれていた。那覇の駅（当時軽便ターミナルで現在の那覇ターミナル）

で、首里高等学校の制服姿で女学生風を装い、途中の駅、西原村《にしはらそん》の棚原《たなばる》・幸地《こうち》・千原《せんばる》で闇物資の赤豆《あずき》や豆腐、砂糖を安く仕入れ帰りの牧志駅に着くと、検問兵に注意しながら改札口を出たそうだ。

用意した人力車のくるま屋さんに荷物を預けて、駅のトイレでかわいいワンピースと飾りベルトに赤いリボンの帽子を被り、金持ちの貴婦人を演じて人力車に乗り込み何事も無かったかのように通り過ぎた。

何とも小説のような話で、よくまあ捕まえられずにやってこられたもんだと感心したり笑ったりと、私達姉妹は母から聞いたユニークなエピソードを今でも忘れることはない。

他にも西原での出来事で、頭にバーキ（葉っぱで編みこんだカゴ）を乗せ、その中にペニシリン軟膏や大豆等手に入りにくい品を入れ、ウンメーさんに届けようとする道すがらお巡りさんに呼び止められたことがあったそうだ。

お巡りさんに「カゴの中には何が入っているか」と聞かれ、母は、

「何でもありませんよー。なんならお見せしましょうか」

とカゴを下ろしかけると、めんどくさかったのかこのお巡りさんから、

「わかったから、早く行きなさい」

と言われ、さっさと帰ったそうだ。まあこんな具合で相手に疑われないように堂々と振舞う度胸のよさは、いったいどこから来るのだろう。男にも勝る我が母に乾杯じゃ（完敗じゃ）！

第三章　戦争とシズ

戦後七十八年にあたり、テレビや新聞など各方面から太平洋戦争についての報道を毎日のように目にする事が多いように思う。それは周知のように日米安保条約の見直しについて議論が高まっているからだが、戦後の日本の歴史を揺るがす最悪の法案が成立しかねないのである。

一九四四（昭和十九）年十月十日午前六時四十分、アメリカ軍により沖縄の那覇に空からの爆弾が落とされた。いわゆる那覇十月十日空襲《なはじゅうじゅう》と呼ばれ、多くの民間人の命が失われた。沖縄北部の山岳地帯（国頭村《くにがみそん》、大宜味村《おおぎみそん》、羽地村《はねちむら》、久志村《くしむら》）は、沖縄戦の直前から戦中にかけて約四ヶ月間、沖縄の重要な避難地として多くの疎開民を受け入れるが、最大の課題は食料の確保であったのだ。

その頃、母はウンメーさんのみぃーくぁ（甥っ子）崎原恒智さんと十九歳で最初の結婚をするも、夫の恒智さんは当時小隊長としての身分ですぐに戦争に駆り出され、たった三ヶ月の蜜月だったらしい。そしてその人との子供を授かるも虚弱《きょじゃく》だった為、生まれてすぐ亡くなったそうだ。その時の様子を母は語ってくれた。

それは、お産のため憔悴しきった体を横たえていた時、枕元に死んだはずの夫が現れ「私がこの子を連れて行くから、あなたはこれから自分の道を歩んでほしい」と、懇願したそうだ。母はその声、姿を今でもはっきりと覚えているとの事。

悲惨な戦争ゆえか、死人が現れたり、通りすがりに前から人らしき者が歩いてきてすれ違う、ふと振り向くとその姿が見えなかったという話を知人や友人からよく聞いたのだそうだ。死んだ者達が、守れなかった大切な人へメッセージを送らずにはいられなかったのだろうと、母は言った。

沖縄戦の記録によると北部の避難民は米軍を避けるように山中に入り、米や芋を食べつくし、動植物のありとあらゆるほとんどの物を口に入れ飢えを凌《しの》いだ。それでも多くの人が栄養失調で倒れたり、飢え死にしたのだそうだ。また住民にとってもう一つの不幸は、守ってもらうべき日本軍の中にも犯罪兵がいて彼らの横暴で、住民から食料を強奪し、反発する者を非国民呼ばわりをして銃を突きつける有様だったと記録にある。

さて戦時中の母は元夫から「三ヶ月分の食料を土の中に埋めて置かないと日本兵が略奪に来るので備えるように」とのアドバイスで、山原《やんばる》（有銘《あるめ》）に避難し、祖母、姉四人で洞窟生活をする間に困窮しないよう、誰にも気づかれないよう、夜な夜な洞窟に出向き、サバ缶四ケース四十八個に、パイナップル四ケース四十八個、マカロニやかまぼこ等の食料を隠した。そのおかげで敗戦までの三ヶ月間、食べ物に困ることは無かったそうだ。

昭和二十年、田井良《たいら》の避難所では難を逃れた人々に、片手程の小さなパンやおにぎり、お菓子、缶詰等が配給された。そこでは沖縄出身の「主任」と呼ばれる人が配給係りをしており、一人一人に配給をしていた。ある日の事、母は主任に呼び止められた。

「ええー、お前何隠しているかー見せろ」と主任。

「何も持っていませんよー」と母。

「えーひゃ（おい）、お前の腰周りがおかしいさー」

「あんし（だって）主任が手に持っていけないと言ったから、品物を腰に縛ったさー」

「お前は俺を馬鹿にしているのか」

「ウンジュ（あなた）が言った事を守っただけさあ、ヌガアラチキミソウレー（見逃してください）」

まるで、一休さんのとんち話のようなエピソードである。

その後、主任は母のジンブン（知恵）に負け、母がその食料で儲けたお金を山分けし、二人の関係は主従を越えて絆が深まったそうだ（主任は内心ヒヤヒヤ、ドキドキだったろう）。母がどんな状況でも食べ物に困らなかった事は、第一章での米騒動や第二章の仲嶺商店のウンメーさんからご馳走になるエピソードからして、「食べるに困らない」という生まれ持って決められた運命としか言いようがない。そんな不思議な気持ちにさせられるのは私だけだろうか。

ところで、敗戦直後の沖縄の人々は、アメリカ人にすぐ慣れ親しみ、英語がわからなくても身振りや手振りでおもしろい会話をする底抜けに明るくてポジティブな人が多い。

そこで、米軍基地で働くウチナーンチュ（沖縄の人）のおもしろ会話を紹介しよう。あるウチナーンチュが米兵からライターを貰ったが、ガソリン（オイル）が切れ、いくらパチパチしても火が点かず、もう一個もらおうとした時の会話。

「ヘーイジョー、ユーライターワンパチ、ミーライターテンパチ」

（貴方のライターは一回で点くが私のライターは十回やっても点かない）

米軍のモータープールで働く男がトラックのトランスミッションのオイル漏れで、エンジンをかけるとガラガラと変な音がすることを米人主任へ訴えた時の言葉。

「ヘーイカム、オイルチョンチョン、ミッションガーラガーラ」

（おーい来て、オイルが漏れて、トランスミッションの音がガラガラしてます）

また基地内の食堂では鶏肉を手にしたウチナーンチュのコックが上司の米兵に尋ねた会話。

「ヘーイハンチョウ、ディスイズ、チキンガール、チキンボーイ？」

（はーい班長、これは雌鳥《めんどり》？　それとも雄鳥《おんどり》？）

終戦直後は基地内で働く人も多く、母の姪にあたる従姉妹の姉さんもメイドとして働いていて、普通の会話は出来ていたらしい。暗いイメージはなく、とてもかわいがってもらっていたそうだ。当時の若い人のほとんどが基地の外人住宅にメイドとして雇われ、主に子供達の世話をしていたのだとか。そのせいか結婚して仕事を辞めた後も、アメリカナイズされてコーヒーには砂糖をスプーンで山盛り二～三杯は平気で入れ飲んでいた。私にとってはただの砂糖水でしかなく気持ち悪くて吐きそうになったくらいだ。その他にパンにたっぷりのバターを塗ったり、チーズ、シナモンといった嗜好品を好んで食していたのを覚えている。

話は戻って、現在九十一歳になった母は、元夫から学んだという予測する術や、（災いを）未然に防ぐ予知能力、世の中の仕組みや見通す力について、私達子供や孫、友人に伝授しようとしてくれるが、皆少々聞き飽きており眠くなってしまう。そんなエピソードをいくつかとりあげてみよう。たとえば、

「今から不景気になるから、素麺やマカロニ、小麦粉、缶詰を三ケースくらいストックしておきなさい。海洋博（一九六四年東京オリンピックと勘違い）も終わったから、日本はどん底に陥るし災害にも役立つよう」

「でも災害のときは火が無いからどうやって炊くの」

耳が遠い母は懲りずに、

「保存の利く乾物だよー、もち米、小豆、塩、砂糖、こういった物があとあと役に立つよ。へーくなーうちょうけー（早く置いておけ）」

「うん、わかった。今買ったら保存利かないから後でね」

「ええーちちょうみ（おい、聞いているか）、海洋博が終わるとすぐ食料難だ

よ」

と母は言った。

「わかったよー、ちゃんと買って置いとくね」

「おっかー、もうこの話はいいから、今度またね」

少し耄碌《もうろく》してきているのかもしれない。

前記の言い間違いのように、母が常に「海洋博」を意識しているのには少し理由がある。

「海洋博」は沖縄国際海洋博覧会の略称で一九七五（昭和五十）年七月から約六ヶ月間、沖縄本島で開催された。メインテーマは「海―その望ましい未来」で海をテーマにした展示、催し物や世界各国の伝統芸能祭など、多彩なイベントが行われた。海洋博をあてこんで膨大な公共事業と観光客を見込んで建設ラッシュ（ホテル、土産店、道路の整備）で盛り上がった。

しかし実際は予想を下回る赤字となり、県内では倒産する企業や中小企業が激増し景気が落ち込んだのであった。

商売人の母にとっては、それがショックで忘れられない大きな出来事となったのだろう。

第四章　二度目の結婚

▲昭和 27 年　アイスケーキ店で記念撮影

昭和二十年八月十五日終戦。西原の坂田幼稚園の臨時教員採用募集に嘘の履書（ただの紙）を提出、そこで二年間勤めることになる。その頃は復興途中で教員不足ゆえ母のような免許を持たない人でも簡単に採用された時代。母はまたそこでもとんでもない行動を取ってしまう。教材研究でわからない漢字や教育用語を職員に尋ねた時の話がこうだ。母が、

「えーさいーウンジュ（ちょっとあなた）、この字はなんと読みますか」

「お前、教員しているんだからこれぐらいわかるだろう」と職員。

「ううん、わからないから教えてくださいよ」

「ええーなんで採用なったばあー、それなら辞めなさい」

「貴方が辞めさせることは出来ないよ、貴方が採用したんじゃないでしょう」

「あれ、あんたは大変な女だね」

それからは堂々とものを言う母の正直さと一生懸命頑張る姿に、段々情が移って皆が色々教えてくれるようになったので、何とか勤めあげられたとの事。

母の度胸のよさは生まれ持ったものに違いないと強く思った次第である。

しかし、ウンメーさんから商売を叩き込まれた母は教員の安月給では食べてい

けないと与那原《よなばる》へ舞い戻り、また商売を始めたそうだ。そのとき我が父である比嘉憲永と知り合う。母は結婚など考えているような女ではなかった。商売が楽しくて仕方が無かったのだが、父のしつこいまでのプロポーズアタック作戦にとうとう負け、昭和二十二年にめでたく結婚する事になる。

なんと父は宜野湾《ぎのわん》にある自宅から与那原までの遠い道のりをものともせず、毎日自転車を走らせ必死に懇願し続けたので、ガージュー（我が強い・頑固者）の母もとうとう折れたのである。母は、

「姉妹中で、痩せて不細工を奥さんにする人がいますか」

「あなたが一番きれい、痩せているが、丈夫そうだし」と父。

母は父のこの言葉に見事ハートを奪われてしまった。なぜなら美人姉妹の中で、自分が一番負けているとのコンプレックスがあったので、よほど嬉しかったと見える。しかしこの二人、情熱的な出会いからの結婚後に、想像もつかないドラマが展開するとはまだ誰も知る由もない。

父の憲永には、先立たれた妻との間に男の子と女の子（兄姉）がいた。母が引き取った当時、兄は十二歳、姉は十歳、母が二十四歳だったので兄とは十二、姉

とは十四の歳の差しかない。おまけに母は痩せ細って背も低かったから、兄と姉からすると母親というより姉のような感覚だったと思う。

昭和二十四年、父と母の間に長男、二十六年には長女が生まれた。その頃、大《おお》謝名《じゃな》で誰も手がけていないアイスケーキ屋を営業していたが、あちこちで同じ店が出来るとそれを辞め、米兵相手の「ＢＡＲ」を営むことになる。

敗戦国となった日本は、サンフランシスコ平和条約で沖縄に半恒久的基地を容認する事となり、昭和二十七年、日米安保条約のもと琉球政府が発足。多くの地主は土地を軍用地とするとの名目で立ち退きを余儀なくされ、地上戦を味わった沖縄は、今度はアメリカの統治下に置かれ苦難を強いられる事となったのである。しかし、母はめげなかった。それならばこの時代を上手く利用することを思いついたのである。

当時の米兵達の息抜き場として「ＢＡＲ」を展開。瞬く間に商売は繁盛する事となる。母はお酒が飲めないものの、若い従業員を六人程雇い、飲まず食わずで朝から晩までジュースで空腹を満たし、働きづめだったようだ。

昭和二十八年、商売がますます繁盛し超多忙な中、私を身ごもった。それにも関わらず、次なる商売の思索に明け暮れ、わが子が危険にさらされている事など本人は知る由も無かったのである。その思索とは、大謝名に飲食店を持つことであるが「ＢＡＲ」で培ったノウハウを生かせるものは、食の大切さだと気づいたからだと言う。さっそく、名前もユニークに「東京食堂」と命名したのである。

第五章　奇跡の子

▲昭和 29 年　1 歳 2 ヶ月になった私

昭和二十八年十一月八日に体重八百グラム、身長十五センチの超未熟児で生まれた私は、「新生児メレナ」という難病（新生児約五百例に一例の発症割合）を背負い、医師から駄目だと見放されて病室の冷たい廊下の保育器に入れられたまま放置されたのだそうだ。お腹に血のかたまりがあって紫色に染まり、小さい口や鼻、肛門などからドロドロとした血を吐いて、まるで敗血症に近い状態だったらしい。

顔にガーゼを被せられた赤ん坊を一目見ようと、祖母と叔母（母の姉）がガーゼを取って覗き込むと、必死に口をパクパクと開け、もがいていたのを見て、（この子は生きる力があるかも知れない）と思い、医師に止められていたにも関わらず、ガーゼに砂糖水を含ませて飲ませてみたそうだ。

すると力強く「チューチュー」と吸い込んだので、家に連れて帰り、それからの二ヶ月余り毎日左腕に一日三回の注射を打って生きながらえたという。

隣近所の人達は、病院から連れ帰ったばかりの私を見て、皆口々にこう言い放ったのだそうだ。

「手も足もカエルみたいなのに生きると思っているのかねー、このシズさんは……」

近所の人達の「あきさみよーチムグリサン（あぁーかわいそうに）」と言う心の声が聞こえてきそう。

沖縄ではカエルのことを方言で「アタビー」と呼んでいるが、当時は重要なタンパク源であったらしく実際に滋養強壮の食物としてカエル汁ならぬ、アタビー汁を私に煎じて飲ませていたのだと。

いくらカエルのように痩せ細っていたからと言って、本物のカエル汁を飲ませていたとは、これが本当の「ひっくりかえる」である。

こうしてお盆や正月などの集まりで何度も何度も叔父や叔母、親戚の人達から、お前は「奇跡の子だ」として聞かされ、今日まで語り継がれてきたのである。

しかし、母はそれどころではなく、私を産んでから苦労の連続で毎日毎日（熱は出ていないか）（体の調子はいいか）（排便はあるか）……だっこ、おんぶをしては様子を窺《うかが》いながら商売を続け、病院を行き来する生活が五歳になるまで続いたそうだ。母は商売で稼いだお金で高価な朝鮮人参を手に入れ、毎日少しづつ飲ませていた。五歳になったある日のこと、朝鮮人参をいつもより倍の量で飲ませてみたそうだ。すると急にむせてゴホゴホと苦しみだしたのを見て、母は仰天し、心臓が破裂しそうになって心の中で（ああ－この子を死なせたらどうしよう。さあ大変、父に殺されるよ－）とオロオロしてなす術が無かったとの事。

ところが、当の本人は急に口からドロドロした物を吐き出した後、何事も無かった様にケロッとして今までより元気な表情だったので胸をなでおろしたと語った。母は父との最初の子供（長男憲章）を交通事故でなくしたつらい過去があったので、これ以上我が子を死なせてはいけないと心に誓い、病弱な私を必死に守り育ててくれたのである。

今でも「お前は髪の毛一本に百ドルもかかっているさ－」と冗談交じりで話すのだ。本当に頭が下がる思いでいっぱいである。

それからは熱や喘息気味の状態が次第に収まり、「災い転じて福となす」で、小学校に入る頃には身長、体重は標準より劣るものの、とても健康になり徒歩で学校に通えるようになった。実際その頃は、バスか歩いて通うのが当たり前で、学校までの往復約三キロを歩いていていた。

朝鮮人参事件は、荒っぽくてせっかちな母の一面を見る思いだが、それからは何でも「物は試し、自分を信じて前へ進め」とばかり、今でもやぶ医者のごとく妙な自信を持って私達や孫達に荒療法を実践する。

私が若い頃、まだ慣れていない車を運転し、職場である「鏡が丘養護学校」に向かった。学校に到着し、車から降りる時にドアを閉めた際に、左親指を挟んでしまった時の事。

その日は保健室で氷をもらい冷やしたのだが、左手の親指がみるみる紫色に染まり、家路に着く頃は痛くて痛くて指の爪が剥がれそうな感覚にまでなった。しかもやや黒みがかってきたのに母は病院ではなく、熱いお湯に塩を入れてその中に指を突っ込みなさいと言う。（ああーやばいなー、超痛そうだがこれで治るんかいな）と半信半疑だったが、あんなに黒かった指が三日で治ったのである。

まあ、これは成功した例だが、姉の娘が三歳の時、女の子の大事な部分がかぶれて痛がっていた時になんと母は「メンソレータム」を塗り、本人を余計痛がらせて泣かせてしまったのである。姪はあまりの痛さに懲りて暫くは母に近づくのを怖がった。

私は、母の血を継いでか、どうも間抜けでオッチョコチョイの性格がいまだ健在だが、色々なエピソードの中からいくつか紹介してみたいと思う。

まだ独身だった頃、職場から公衆電話を使って友達に電話した時の話だ。

私が、「もしもし、おばさん、恵子いるー？」。しかし、電話の相手は無言なので繰り返し、

「もしもし、おばさん、わたしよー、美智恵よ」……無言の後、

「えーえ、お前、誰に電話かけてるかー。学校はそんなにひましてるのかー、あほー」

それはあきれた母の声だった。（あれーまたやっちゃったー）

また、私のドジの中でも、もっとも最大の不思議な体験がこれだ（傑作かもよ）。

仕事帰りにバス停へ向かった先の反対道路に一台の白い車が止まっていた。乗っていたのは男性で誰かを待っている様子。私は、その男の人と目があうやいなや、お互い手を振りあって合図をし、誘われるように車に乗り込んだのである。考えてみれば当時そんな約束をする彼氏や友人がいたわけでもないのに……。

「偶然だねえー。久しぶり、待っててくれたんだあー」と私。

「だからさー、君がいるとは思わなかったから」と男性。

「何でここ通ったの、びっくりしたー」

「たまたまだよ、まさか君に会うとは思わなかったよー」

二人は共通の同級生のことで話が弾み、そろそろ家に近づいた頃、

「今日は助かった、大謝名まで送ってね。ありがとう」

「はー？　城間で降りるんだろうー」

「何いってるのー？　私、宜野湾出身の普天間高校なんだけど」

「えええええー、俺は浦添高校だぜー」

「えええええーええええー」

しばらくこの状況を飲み込めない二人は無言のまま……、私がゆっくりと、口を開き……

「すみません。適当な場所で降ろしてください。ああーここで、ここでいいですよ」

この体験は今もって謎だらけで、どうして互いに誰かと勘違いし、誰を共通の

友人として話していたのか、あまりの出来事に男の人の顔さえ思い出せないのである。

今の世の中なら、見ず知らずの人の車に乗ろうものなら、どこかに連れて行かれ、何をされたかわかったものではない。

当時は我ながらいつものドジで済ませていたが、今思うと背筋が凍る思いである。

第六章　姉弟

▲昭和 34 年　母の家族と祖母と姉達と従姉妹

私が生まれて三年くらい経った頃、異母兄弟で一番上の兄と姉は本土の大学を卒業し地元に戻り、兄は銀行員、姉は北部の小学校教師となり、それぞれの道を進み、結婚して独立した。私とすぐ下の弟の名前はその長兄が付けてくれたそうだ。

私のすぐ上の姉は五歳の頃、兄や姉と東京で暮らした思い出があり、よく可愛がられたことを自慢げに話してくれたものだ。姉はキュートで賢く父をはじめ皆に愛されるかわいい子だった。私と二歳しか違わないが、身長の差と容姿、頭の良さは秀でていた。母が言うには小学校入学前の知能検査で姉はＩＱ百三十だが、私は平均の百に一つ足りない九十九だったとおもしろ可笑しく話すので、姉弟達からよくからかわれた。

昭和三十年に弟が、三十二年に妹（幼い頃、多動児だったため母の郷里有銘《あるめ》に里子に出されるも小学校二年で引き取られる）、翌三十三年に末弟が生まれた。

賢くて人によく懐く姉と違い、私はいつもぼーっとして理解するのがとてもスローでドジばかり踏み、学校の成績も芳しくない。おまけに耳が遠く、人の話についていけないものだから、人見知りでいつもオドオドし、姉と一緒に写真を撮るのでさえ後ろに隠れて怖がる女の子だった。

未熟児で生まれた私の耳は病弱のせいで慢性中耳炎にかかっており、普通の人の半分程度しか聴力がなかった。しかし、家族の誰も気にも留めず、特に姉弟達は気楽なもので、私が聞き間違うと「ミンカー（耳の遠い人を軽蔑する言い方）ミンカー」と面白がった。

特にすぐ下の弟は、いつも私をおちょくっていたずらをしかけてくる悪ガキだった。

ある日、弟が私と姉にクイズを出しますと珍しく真顔で「海の中に大きなクジラが泳いでいました。近くで爆発が起きたのにそのクジラは逃げませんでした。なぜでしょう」と問いかけてきた。姉と私はしばらく考えるが二人とも「わからん」と言うと、即座に弟が勝ち誇ったように「本当にわからんのかー、答えは耳くじらーでした（耳をほじくって聞こえないミンカー）」と得意げに言ったので、姉は大笑いしたが、私はワジワジー（腹が立つ）してしまい、今でも当時の事を鮮明に覚えている。だが、弟は身に覚えがないのだそうだ。

本人の気も知らず、おかげで私は引っ込み思案のおとなしい子になっていった。

私達姉弟の他に、従姉妹達（母の姉妹の子）とその子供三人も一緒に引き取られた我が家は大家族で、いつも何かと騒がしかったが、我々子供は楽しい毎日を過ごした。

やはりここでもリーダーの姉がみんなの面倒を見てくれていて、食事の時間や遊び等の相手をしていた。当時、映画館が近くにあり、母が忙しい時は私達八人をよく映画館へ連れていってくれた。同じ映画を再び観るときなどは、入場料を浮かせる為、切符を切るお姉さんが席をはずしている隙をねらい館内に忍び込んだり、知らない夫婦に家族のふりをして付き添って知らぬ顔で中に入ったり、映画館の壊れた建物の穴から忍び込んだりと、臆病ながらも大胆な行動を取った。これもやはり母親譲りかも知れない。

姉は賢く父を味方につけ、お金がかかっても好きな稽古事にどんどん挑戦しては何でも器用にこなした。特に姉が小学校四年生で「エリーゼのために」という有名なベートーヴェンのピアノ曲をスラスラ弾いていたのが羨ましかった。私が冒頭の「ラララララ　ラララララー」というメロディーを弾いたのをきっかけに姉と一緒にピアノの稽古に通うことになったのだが、勘と耳の良い姉と違い、私は上達が遅く、いつもモタモタして時間が懸かっていたのを覚えている。毎日コツコツとピアノに向かう私に、母は口癖のように「努力に勝る天才なし」と諭《さと》し稽古を止めさせようとしなかった。その頃から私は母の愛情を試してみたくて、小学校三年の時に家出を繰り返していたが、なぜか翌日は自宅で朝を迎えるのでいつも不思議に思っていた。見ていないようで子供の行く場所をちゃんと把握していたので無駄だと思い、家出をやめる事にした。

また、私にはドジで非常に間抜けなところがあり、自慢ではないがエピソードには事欠かない。母に頼まれお米を炊くように言われ米を洗うまでは良かったが、炊く前に水を入れ忘れ、「ナンチチ（沖縄の方言で焦げ臭い）」させてしまったり、父が友人を家に招いた際に、私にコーヒーを淹れるよう指示したので、カップにコーヒーと砂糖を入れて出したのだが、二人ともそれを口にするや否や、「プワーーー」と吐きだしてしまった。実は、化学調味料を砂糖と間違えて入れてしまっていたのだ。それ以来その父の友人は家を訪れることがなかった。

それから、あの悪ガキ弟が中学生になって制服のズボンにアイロンを当ててくれと頼まれたので快く引き受けたのだが、ズボンの片方の長さが短くなってにしまった。原因はあて布もせずアメリカ製のアイロンを「強」のまま当てたのがいけなかった。弟は仕方なく、一張羅《いっちょうら》のズボンを穿《は》いて学校に行ったのだと後に姉が語った。

悪気はなかったが、昔いじめられていた分、心の中で（バチがあたったのかもよ、なーんてね）と思っては、いやいや可哀想なことをしたと反省している。信頼している姉でなくドジの私に頼んでくれたのに。

姉として頼りにされているんだと張り切ったつもりだったが、あーあーざんね～ん……しかしこの弟も中学生ともなるとビックリするほど急に物静かで異常なくらいとても暗くなった。夜になると決まって部屋のふすまを全部閉め切って当時流行《はや》りの任侠（やくざ）映画のスター鶴田浩二の歌の物まねで「傷だらけの人生」を熱唱していた。世の中は闇で筋が通らないことばかりだという歌詞だったのだが……私にしてみれば何をぬかしますか！　いつもあなたにいじられていた私の方こそ真っ暗闇であったと言いたい。

また、すぐ下の弟は母にくっついては商売の邪魔ばかりするので、母はたまりかねて「アンスカ、ワンマシヤミ（それほどまでに、私が好きなのか）」と、びっくりするような事を言った。言われた弟は、よほど恥ずかしかったのか、母にくっつく事をやめた。今思えば、弟は母の愛情を求めていたんだと思う次第だ。

妹は幼い頃、母方の叔母夫婦に養女として田舎に引き取られていたので、言葉の壁に悩んでいた。それにも関わらず母の悪い癖で、わざと妹を追い込む意地悪な一面があった。自分になかなか懐かない妹に、言葉の問題をなじるのだ。

「わしは、本当にここの子なの」と妹。

「お前はワシか、タカか、ヤンバラー（山原っ子、田舎者）」とこんな具合だから、妹は可哀想に四年生まで夜尿症が治らなかった。本人曰くその事でよけい母にいじられたのだと。

しかし、夜尿症の原因は私と姉の共謀罪が関わっている。発端は、当時ダブルベッドに姉妹三人で妹を挟むように寝ていた。妹は姉と七つ、私と五つ違いだが、私より体温が高く、寒い冬は湯タンポ代わりに重宝していた。妹の体に足をからませ気持ちよく熟睡していたのだが、本人はすっかり体温を奪われ、例の「おねしょ」をする羽目になったのだ。姉と私は夜中に起こされ、文句を言いながらシーツを取り換え、妹はベッドの下で寝ることもあった。夏は夏で妹の体温に耐えられず、ベッドの端に妹を追いやり、とうとうずり落としてしまう始末。

そのおかげで妹は、またしても「おねしょ」の痕跡を残し母になじられるのだった。

「何度言っても効き目がない、田舎者め」と母。

現代なら暴言と言われそうだが、こんな言葉で妹を精神的に追い詰めてしまうのだった。

夜尿症の原因は裁判に例えるなら、犯人は姉と私の共謀罪で加害者、真相を知らない妹は被害者、さらに冤罪なのに罪を追求した母は名誉毀損罪と言ったところだろう。だがとうに時効は過ぎているので、取りあえず真実は闇の中と、いうことで一件落着。まてよ……もしかして気付いていたのだろうか。なぜか妹は我らから遠く離れた長崎に嫁いでしまったのも、訳があったのでは……（ああ～妹よ。私の罪をお許しください。あなたのお気持ちお察しいたします。ごめんなさい）。

商売の手腕には一目置く母だが、人は全てを兼ね揃えてはいないんだ、どこか足りない所があるのだ、と子供心に強く思った次第である。

姉は母を見て、男とはプライド高く女より優れていると思っているから、自尊心を傷つけずに下手に出てやんわりと掌に乗せてあげまんに徹するべしと私に諭す。私の方は母を見て、人の性格は環境によるもので、時代が違うのだ仕方ないか、と妙に納得した。

また一番末っ子の弟は、父のなまった方言をなぜか受け継ぎ、標準語におかしな、なまりがあった。父が小学校のPTA会長をしていた時の挨拶がこうである。

「嘉数《かかず》そう学校の皆さん、わたくすがPTAくぁい長の比嘉憲永です」

姉と私は恥ずかしさゆえうつむいて（PTA会長と私達とは関係ないです風を装う）しまったが、逆にバレてしまった。その発音をDNAの如く受け継ぐ弟は、家のトイレの板戸に油性ペンでこういたずら書きをした。

「このベンぞうに、はいだないでください。ゆうでいがでます（この便所に入らないでください。幽霊が出ます）」という具合だ。

何とも可笑しくて今でも思い出しては、一人で大笑いしてしまうのは私だけではないと思うが、本当になんてハチャメチャな家族だったと強く認識をした次第である。

第七章　父と母の対立

▲大謝名婦人会主催　北海道旅行

▲メキシコ旅行の父と母

「東京食堂」も軌道に乗った頃、母は婦人会長を務める事となる。それは地域の人に「金儲けばかりしないで、地域の事もやってくれ」と頼まれたからだ。

当時、大謝名《おおじゃな》婦人会は大変な盛り上がりだったようで、母は昭和三十八年頃から婦人会旅行で、北海道や東北、中国地方、四国、九州、沖縄北部など大概の所に行っている。父も旅行好きでハワイ、アメリカ、メキシコなど自分の姉妹を連れて、中国（母シズの一番上の姉を第二次大戦で失っている）と香港にも行っており、この頃は旅行三昧で有意義な時間を満喫していたのである。

ところが、銀行員の父が友人の「太平ミネラルジュース」の連帯保証人になり、借金を負う事になってしまった。母は取引関係にあった「南陽相互銀行（現在の沖縄銀行）」にお金を工面してもらおうと懇願するも断られ続けたので、こんな捨てセリフを言い放った。

「お金を貸してください。必ず返しますから信じてクィミソーレー（信じてください）」

支店長は「こんな大金貸すことなんか出来ません」

母は「それならここで首をくくって死ぬしかない。だがそれでは貴方が責められ、店を潰されますよ」

母は当時、兄と姉、私のすぐ上の姉を連れていたが、その場で自分の首を本当に絞めあげるパフォーマンスを繰り広げたそうだ。

（母ならやりかねないな）とその光景が目に浮かぶ。

母の交渉によって融資は受けられ、窮地をしのぐことができた。その後、昭和三十年から四十二年の十二年間、百二十八ドルを銀行に返済し続けた（当時は百ドルあれば憧れの外人住宅が手に入る程の金額）。当然と言えば当然だが、銀行との契約を履行したことで、信頼を得たことは言うまでもない。普通の家では手の届かないほど高額の金額を借り入れる勇気にまたしても完敗である。


その間の昭和三十九年に沖縄で初めてのにぎり寿司専門店と銘うって「東京レストラン」を開店。甥や姪を雇い、一階には南陽相互銀行の支店に入居してもらい、父憲永が支店長となり勤務する事となる。

また、「東京レストラン」の隣近くにあった瓦屋根の長屋を借家にして、四世帯の人を住まわせていたが、この人達の睡眠時間を我が父と母が奪ってしまっていた事を今でも非常に気の毒に思う。

と言うのも、当時、父と母は借金問題で夫婦喧嘩をしていた。それも決まって、夜中の二時にその瓦屋根を「猫と鼠の追いかけっこ」、いやそれよりジャングルの「シマウマとライオンの食うか食われるかの戦い」と例えるほうがふさわしいくらいだった。

「待ちなさい、悪い女、もう一回言ったら殴るぞー」と父。

「やれるものならやってみなさい、あなたに何が出来ますか？」と母も負けない。

「なんだとー許さないからなーいやな女め」

「悪い夫め、女だからとばかにしているのかー」

普段はおとなしい父だが、お酒が入るとライオンが獲物を捕らえるかの如く拳を振り上げ、物凄い形相で母に襲い掛かるのだ。それでも、心優しい住民は、誰一人文句を言う人がいなかった。

早く退職した父の趣味は三味線とお酒くらいなもので、暇を持て余した父が料亭で酒を飲んでは、夜中に帰ってきて大好きな酒の肴（三枚肉）を要求し、母を起こしては相手をさせていた。そのうちに、母の暴言で逆上してしまうのだ。母は言いたいことを所構わず言う男勝りの勝気な性格で、酒乱の父に暴力を振るわれようが、負けじと向かっていくので父は余計に腹が立って己を見失う。そんな二人が先ほどの鬼ごっこ作戦を展開する日常に、まだ幼い姉弟達に止める術はなかった。

だが、母が父に捕まったことは一度もなかった。これまでの商売で鍛えた頑丈な足の筋力と、酒乱で麻痺している父の足とでは雲泥の差があったのだ。

ともかく、二人の瓦屋根事件は約半年位続いていたと思う。母にはとことん刃向かう父だが、たいそうな子煩悩で私達や幼い従兄弟には、めっぽう優しい人だった。お酒を飲んで帰ってくると、私達三姉妹（姉、私、妹）の寝ているベッドを覗き込んでは、姉を私の名前で呼び、私を妹の名前で呼び、妹を姉の名前で呼ぶのだが、それが毎夜、毎夜まちがえるのだ。私達は父が帰ってくる時間を知っていて、たいがい寝たふりをして父の行動を観察しては、笑いたいのをぐっと我慢するのが苦しかった。なぜなら、起きていたことがばれて父のお酒の相手をさせられる方が、もっと大変だったからである。

父は人情者の寂しがり屋なのだが、母には自分を認めてもらえず相手もしてもらえなかったので、週末になると私達をよく山原《やんばる》の海までドライブに連れて行っては、潮干狩りを楽しませてくれたものだ。浅瀬の海でウニを獲ってはその場で割り、鮮やかな黄色の部位を口の中に放り込んで食べさせてくれた。小さいタコを見つけると、足をちぎって食べさせたり、スイカを割って豪快に海に投げては、塩味のついた美味しい部分をくれるのだ。そんな父が皆大好きだった。

その頃の母は、レストランを切り盛りしつつ、来店する外国人のため、時間を見つけては英語講師を招いて、従業員と共に英会話を練習していた。そんな折、どういうわけか私達に「おとー」「おかあー」と呼ぶのをやめて「パパ」「ママ」と呼びなさいと強要してきたのだ。アメリカかぶれもいいところだが、困ったのは私である。当時飼っていた犬の名前が「パーピー」で、おっちょこちょいの私は時々こんがらがって、犬に「パーパー」、父を「パーピー」と呼んでしまい、父に怒られる羽目になってしまうのだった。

我が家の犬「パーピー」は血統書付きのコリー犬で、毛並みはつやつや、かっこいい顔立ちの利口な犬だった。父が友人から買い取ったのはいいが、とてもかわいがるというような様子がなく、定期的に、シャワーをかけて洗ってやる程度で、餌に気を配るようなことはしない、まったくの放任主義で放し飼いをしていた。外や田んぼで泥んこになって遊ぶ日々が続き、パーピーのふさふさした艶のある毛並みはすっかり失せ、老犬のように色は瞬く間に剥げ落ち、おまけに皮膚病（沖縄の方言で「へーガサー」）になってしまった。

そんなパーピーを父は遠い山原《やんばる》の道端に置き去りにして捨ててしまった。しかし、犬という生き物は、健気で従順な性格だ。それがよくわかる出来事があった。なんと三ヶ月で我が家を探し当て帰ってきたのだ。

その時の父の驚きと感動は忘れることはない。それから父は反省した。しかし、今度はあべこべに人間扱いをして、風邪をひいて元気のないパーピーを見かねて、体調不良の民間療法として自分が実行している泡盛に生卵を混ぜて治す方法を、犬にも強要したのだ。

かわいそうにパーピーは足元もおぼつかず酔っ払いのごとくよろよろと歩き、そのまま寝てしまった。あ〜あ〜泡盛の臭くて強いお酒の匂い。パーピーにしてみれば「頭はガンガン、心臓はパクパク」だったのではないか。このまま死んでしまうんじゃないかと子供心に私は心配で眠れなかった。翌日になるといつものパーピーだったので、胸を撫で下ろしたが、それから暫くしていつの間にか利口なパーピーは、我が家からいなくなってしまった。かわいそうなパーピー、ハチャメチャな我が家に飼われた為に不幸な犬道を経験するなんて……今頃は天国にいるだろう……ご冥福をお祈りしたい。

また母は、私達が姉弟喧嘩をすると決まったように「お前達は橋の下から拾ってきた子だから養ってもらえるのをありがたく思え」とうそぶくのが日課で、皆、余計に母に反抗しては、いたずらをするやっかいな子供達だった。

妹は自分が母の子ではないと言われると、本当かと逆にほっと胸を撫で下ろしたのだそうだ（その事を平気で話す母が恐ろしい）。

当時の我が家は、コンクリート二階建てで、その広さは宴会が出来る程の十二畳と自分の部屋二間、父母の寝室があり、客が利用しない日は二階で姉弟達と鬼ごっこやチャンバラごっこをして遊び、母が二階へ上がって文句を言うのを察知するやいなや、屋根裏によじ登っては「ここまでおいでー」と丸々太った母に向かって挑発するのだ。

学校では大人しく澄ましている姉弟だが、家では好き勝手に騒々しく馬鹿ばかりやって、いつも母に怒られていた。

私と妹は、当時映画で流行っていた「時代劇」のお姫様役をするために、母の大事な着物を洋服の上から羽織って、長い裾を引きずりながら廊下を歩きまわり、映画のお姫様気分を存分に味わったのである。

未だこの事を母は知らない。

第八章　逮捕

昭和四十七年五月十五日、琉球政府から「沖縄県」として本土復帰を果たしたが、今なお米軍基地を抱え、基地に関する様々な問題は相変わらず山積している。特に県議選や市議選での対立構造は後を絶たない。どんな世になっても人間同士で争うための基地を再び造ってはいけないと思う。地上戦を体験した人達の「命《ぬち》どぅ宝《たから》」と言う魂の叫びを受け継いでいくこと、豊かな自然と子孫をどう残すか、命のリレーは人間としての使命だと考える。

さて、母の話に戻ってみよう。私が中学一年の頃、母の実家の山原で私達姉弟は夏休みを楽しんでいた。

澄み切った空気の山に囲まれた気持ちのいい朝を迎えたある日のこと。

突然雷が落ちたような衝撃を受けた、あの日の出来事を忘れることは出来ない。

テレビから「大謝名　比嘉《ひが》静子逮捕」というニュースが流れてきたのだ。

私達姉弟は自分の目や耳を疑った。紛れもなく母の名だったからだ。

「えぇーウソーなんでー」と思わず叫んだ。普段の母からは信じがたい事で、その頃は詳しい事がわからずよく理解できなかった。何が起きているのか、母はどんな罪を犯したのか、まったくもって知らない世界のことだけに信じがたく、ショックがあまりに大きかった。

母によると二度目の逮捕だったらしい。一度目は昭和三十七年、私が小学校低学年頃に薬のテラマイシン（化膿性の皮膚病や、傷ややけどに用いる）を売るという闇商売をして逮捕されたのだそうだ。

警察署の留置所で若いお巡りさんを呼びとめ、幼子がいるから早く家に帰してくれるよう懇願したが聞き入れてくれない。そんなある日、シズは身の上話を持ちかけ、静かに言った。

「ええー、おまわりさんよー、私には子供（姪の子三人と私達姉弟五人も含む）が八人いるが、誰もご飯をくれる人はいません。私がいなかったら死ぬ事になるから、若いあなたが養ってくれませんか。私はここでくたばっても構わないのでよろしく」

と毎日毎日、懇願した。

ある日「トイレに行かせて」と頼み込んで、近くの民家のトイレの窓から裸足で逃げ、次の日、新聞に「中部(注)からの女性の荷物を預かっています」と警察が広告を出したとの事。もちろん母は（誰が行くもんか）と苦笑いしたそうだ。この話は〝琉球・沖縄の時代と世代をつなぐ知的好奇心マガジン〟「モモト」の特集・那覇で紹介されている。

そして二度目の逮捕だが、商売人の模合《もあい》（仲間同士でお金を出し合って助け合う会）、ユイ（結い）マール（相互扶助組織）の仲間の密告によって逮捕されたのである。仲間の間では万が一誰かが捕まってもぜったいに口を割らない固い約束の下、結束した集まりだったそうだが……。復帰後、沖縄ではいろんな職種の人達が小さな店舗を抱えて細々と暮らして、お互い助け合うように決まったお金を出し合うシステム（模合）が、今日まで受け継がれてきた、ここ沖縄の文化といっても過言ではない。

しかし、それゆえ信頼し合った仲間同士の結束だと思って気を許していると、時に自分の番のまとまったお金を貰うと次の月にはトンずらして誰かが立替を余儀なくされるような事態も起こった。また、闇商売では特に固い約束が破られ、密告する人間も出てしまうのだ。よほどの信頼関係がない限り模合は止めたほうが良い。

母のような性格はまれで、普通は権力に弱い人間が多い。この私もどちらかと言うと最も弱い人間だと自覚している。

しかし、逮捕の件が当時親戚や友達、ましてや学校で、さほど話題にならなかったのが不思議なくらいで、今と比べてテレビやラジオなどのメディアにまだまだ関心が薄かったのだろうか。いずれにせよ、私達に母の事で影響が及ばなかったのが幸いだった。

友人の話だと、自分の隣のおばさんも闇で捕まり、親しい友達の母親も捕まったとの事。当時のご時世なのか、沖縄のおっかー達の逞しさを垣間見る事件だった。

（注）沖縄本島は大きく北部、中部、南部に分けられる。
北部　国頭村、東村、今帰仁村、名護市他……。
中部　宜野湾市、沖縄市、うるま市、読谷村他……。
南部　那覇市、浦添市、糸満市、南城市他。

第九章　逆襲

▲平成５年　普天間神宮（正月）

復帰の年（昭和四十七年）に現在のアパートを新築。一階は貸し店舗でその一部を「大謝名茶舗」として開業するも、その頃から母は糖尿病を患う。母によると三十五歳の時に子宮を摘出してから、どんどん太りだし、気が付くと糖の数値がもの凄く高くなって、医師にこのままでは危険だと注意されるが「自分で調整して治します」と宣言したそうだ。その言葉は思いがけない形で実行される事になった。

それは私が千葉県の大学で半年間の寮生活を終え、学校近くの安アパートを借りて一人暮らしを始めた頃、心配した母が様子を見に突然やってきた。そして、「断食をするから、部屋に置いてある食べ物はすべて残らず持って、お前は友達の所へ行っておけ」と言ったのだ。あまりに唐突な言葉に何が何だかわからないまま、ひとまず友達のアパートに一週間転がり込むはめになる。後に母は語った。

上京したのは良かったが、途中でとても気分が悪くなり体の具合がどうもおかしい。ある病院に駆け込んだ所、医師から「断食しかありません」と予想外の言葉を告げられたのだそうだ。思わぬ事態に躊躇《ちゅうちょ》するも、それならばちょうどいい機会だからと、私のアパートで実行する事にしたのだと言った。

アパートに一人こもり、毎日水だけを飲み、空腹と闘いながら（このまま死んだ方が楽になるのではないか）（目の前に毒さえあれば、この苦しみから抜けられるのでは）と、体は震え、妄想や幻覚と闘いながら地獄の様な日々だったと語った。沖縄に帰る頃には体重が六十キロから五十三キロになり七キロもの減量に成功したそうだが、あまりに身が軽くなったので、嬉しくて沖縄へ帰るつもりが予定を変更して大阪の姉に会いに行ったそうだ。しかし、体調の回復は一時的で、だんだんもとに戻り糖尿病が完全に治ったわけでは無かった。母はあの地獄のような苦しみは、他の人にはそう簡単に出来るものではないだろうと言う。

母は茶舗を閉じて、姉が始めた「ブティック竹の子」を引き継ぎ、昭和五十二年まで経営するが、糖尿病の悪化で体の調子を悪くし、結局六十五歳で仕事から引退する事になった。

平成二年に父憲永が脳梗塞で倒れ、しばらくは病院を往復、長兄のお嫁さんと一緒に看病に明け暮れる日々が続いたのである。そのお陰で父は手と足に少し麻痺が残るも、杖を突いて歩けるようになった。母はそんな父の歩く様子を、私達の前で馬鹿にしたように真似をして周囲を笑わせた。父には大変申し訳なかったが、あまりに上手すぎて、ついケラケラ笑ってしまった。父はどんな気持ちだったろうか。お察しいたします。

さて此処から母の逆襲が幕を開ける。父は少しずつリハビリをしながら、今度は身障者用電動車セニアカーを購入しドライブを楽しんだが、やはり良くなる見通しは無く、とうとう歩く事や口を利くこともなくなって自宅で療養する事になった。母は毎日流動食を作り父の口に運ぶのだが、そのたびにここぞとばかり、父をなじった。

「貴方は最後まで私に苦労かけて」

「……無言……」

「なんだから、そんなに苦労させるのか」

父は体を傾けたままうつむき、涙をぽろぽろ落とすも、母の恨み節はずっと続いた。あの勝気で負けん気な母が逆襲する姿は想像するだけでも末恐ろしく、何度父がかわいそうだと思った事か。

しかし夫婦とは、本人達しか知らない時代を生き抜き、苦労を共にし、反発しあいながらも最後まで一緒に生きてこられたのは、そこに一抹の愛情があったからであると、今更ながら理解できるようになった。

毎日愚痴や喧嘩で、どうして離婚しなかったんだろうと不思議に思った事が何度もあった。離婚すれば母はもっと楽に生きられたのにと、言ったこともあった。母は祖母の教えで離婚すると世間に女の方が悪く言われ、「だからあの家は廃れたんだ」と陰口をたたかれるから、子供達のためにも我慢しなさいと説得させられたとの事。

母も何度も離婚を考え、家を出ることもあったそうだが、そのたびに父は母を見つけ、「酒に溺れません」と誓いを立てるも、わずか三ヶ月しか保《も》たず、その誓いは破られるのがオチだったそうだ。

その父は、平成十一年三月一日に息を引き取った。父の葬儀は普天間神宮で行われたが、後に兄や姉の話で八百人余りの人が焼香に訪れ、お返しの品が不足してしまい、大変だったと聞かされた。この時は父の人柄が垣間見え、改めて驚いた次第である。

母は、位牌となった父の仏壇を前に子供達の健康、安全、幸せを祈願するも、最後は恨み節をなにやらブツブツ言うので、これぞ本当の「仏談《ぶつ》」と私は評している。

「貴方はあの世でも、女の人と楽しんでいるんでしょうよ」

「私はもう少しで九十になるが、貴方は迎えにきてくれないかもねー」

第十章　トゥシビー

▲平成21年2月1日　祝85歳トゥシビー　比嘉静子

平成二十一年、母が八十五歳になるため兄弟達が「トゥシビー（生年祝い：十二年にめぐってくる自分の生まれた干支の年を祝う）」の計画を進め、私達姉妹や従兄弟、孫達の親族が久しぶりに顔を出して母のお祝いを初めてよそで行なった。大山《おおやま》の有名な中華料理店で食事をし、長兄が司会を務め八十五年間の労をねぎらった。

その中で常に子供達の為に朝から晩まで働き、様々な苦労を乗り越え今日まで頑張ってくれたことで、こうして皆が幸せに暮らしていることや、母が家族に迷惑をかけたくないと一人暮らしでがんばっている事に感謝を述べた。聞いている中で改めて母の精神力の強さを思い知らされたのである。

ここでは、末弟が、私の子供達（男三人）を、「即興寸劇」なるものに参加させ、ウチナー（沖縄の）農夫に扮装。鍬やへらで、いまいち内容がよくわからない出し物をしては笑いを誘った。やはり昔からテーファァー（おもしろい）ウーマクー（やんちゃ）な弟らしいアイデアの寸劇だったので、ここでも存在感をアピールしたのはさすがである。二次会は母を連れてのカラオケ三昧だったが、カラオケの好きな者だけの参加となった。私の子供達三人も参加してくれて、親子で初めて揃って一緒に歌った記念すべき日になったことも二重の喜びであり、大変嬉しかった。

母はこれまで中国（満州）で病死した一番上の姉の長女とその息子二人、二番目の姉の娘とその子供、父の母や妹、私達子供の五人を抱え大家族の大黒柱として、朝から夜中の二時まで食堂を切り盛りして生計をたててきた。

ここで少し寄り道をして母の姉について話してみたいと思う。

一番上の姉（当時の名をカメ）は祖父の勧めで昭和十五年に夫と六歳の息子、四歳の娘を連れ家族四人で海を越え未開の地・満州に旅立った。小学校に入った長男と長女を沖縄に残し、出稼ぎ労働移民として駆り出されたのである。日本の移民は一八八五（明治十八）年、沖縄は十四年遅れて一八九九（明治三十二）年に、ハワイに二十六人でサトウキビの出稼ぎ契約移民として渡ったのが始まりだと資料に残されている。しかし昭和二十年に戦争に負け、多くの移民達は土地を追われるように脱出を試みなければならなかった。姉の家族は満州で授かった二人の子供を含む六人でハルピンへ向かい、二ヶ月間歩き続けやっと辿り着いた土地で、疲れと寒さ、飢えで体力は限界に達し、当時蔓延した発疹チフスを患い病死したのである。ただ、上の子（あきこ）と父親はその時は生き残るも、衰弱しきった幼い女の子も後に病気で死んでしまった。残された父親は嘆き悲しみのあまり毎日酒に溺れ、体を壊し、後を追うように死んでしまったのだそうだ。やはり一人残される事ほど辛いものはない。何とも切なく悲しくて、今では考えられない苦難を生き延びた、すばらしい先人達に敬意を表する。

戦後はハワイ、アルゼンチン、ペルー、ブラジル、ボリビア、コロニア（英：Colonia）、メキシコと海外在住の県系移民との活発な交流やネットワークが形成され、平成二年頃から他府県にもない「世界のウチナーンチュ大会」が五年越しに開催されるようになり、今日に至っている。そして、何よりも嬉しいことに二〇一六（平成二十八）年十月二十三日（空手の日）沖縄伝統空手古武道の集団演武（三九七三人）が、二〇一三年にインドで達成された八〇九人の記録を大幅に塗り替え、ギネス新記録に認定されたことだ。

そして十月二十六日から三日間開催された「世界のウチナーンチュ大会」は海外から六千人の参加者となり、南米ブラジル、ペルー、アルゼンチン、ボリビア、北米アメリカ本州、ハワイ州、ドイツ、イギリス、フィリピン、フランス、メキシコ、香港、シンガポール、韓国と世界中に二世、三世、四世代が、祖先から引き継いだ沖縄への思いを現地の人達と共に分かち合い喜び合った、最大のお祭りであったことに間違いない。

今では沖縄に残った姪達や、その子供達もそれぞれ独立して、我が家から巣立っていったが年老いた母は今でも心配して姪達の家々へお盆や正月または新築祝いにと、思い入れのある「ソーメン」と「ツナ缶」を持参して訪ねるのだ。

私が退職した後には姉からバトンを引き継ぎ、足の悪い母を車に乗せ、それぞれの家々へ、遠くはヤンバル有銘、沖縄市、普天間、我如古《がねこ》、志真志《しまし》とあちこちに出向いた。その時は決まって姪や母の従妹達から皆口々に母に大変お世話になったことの感謝を、行くたびに話してくれるのが、とても有り難かった。

母の教えの中に、

一つ「人に迷惑はかけるな」

二つ「困った人はできる範囲で助けなさい」

三つ「恩を受けたら必ず返しなさい」

四つ「うそはつくな」

私は三つめと四つめを、時々守れていない。

まだまだ母を超える日は来ないだろうと、情けないが自負している。

第十一章　糖尿病と米寿

仕事をしながら週一回、母を訪ねてはたわいのない会話で二時間くらいおしゃべりをして帰る日々が続く中、平成二十一年、母が自宅アパートの階段で足を滑らせ左大腿部を骨折、ボルトを入れる大手術をする事となった。

九ヶ月の入院中、糖尿病患者の食事療法により四十年間苦しめられた糖尿病が少しずつ改善に向かい私は胸をなで下ろした。少し前までインシュリン注射を打っていたのだから、不思議な事もあるもんだと母も言った。一人暮らしを続ける母は、見事なまでに食事をコントロールして自炊を貫いてきたので、姉弟達はさほど心配せずに暮らす事が出来、母には感謝している。四点歩行器で器用に物を運び、自分でお風呂に入ったり、何でも自分でやろうとするので、トイレの介助などもってのほかだ。たまには甘えるおばあちゃんが「かわいい」と思うのだが本人の性格上到底出来ないようだ。そんな母に末弟がジョークをとばす。姉と私がたまたま母のアパートを訪ねた時、新聞紙に包まれたものを差し出しながら「おっかー、この野菜あなたにくれたくないけどくれるよー」と笑いながら言うので、姉と私は、

「それはクレソンだー」と同時に言ったが、母に親父ギャグが通用するはずも

なく「フリムン！（ばかたれ）」と言って少々怒っていたようだ。

最近では子供や孫達の経済事情を心配しては、昔の話を持ち出し、どの様にしてお金を貯めたか、お金の生かし方や使い道について熱く語るも、何度も繰り返すので、一人が帰りまた一人が帰るも本人は気にも留めず、玄関先まで話し続ける熱血おばーを展開。いつだって自分が誰より一番最強だと思っているので、人の話は聞かない頑固者だが、男の子の孫には結構甘く、その孫の言うことはよく聞くようだ。昔の人は仏壇を持つ長男には、めっぽう弱い。この傾向は沖縄の年寄り達にしっかりと受け継がれ、昔も今も変わる事は無い。女の立場から言わせると、実際に面倒を見るのは女達なのに不公平だと誰もが思っているのだから、世の男性達にはここの所をしっかり受け止めて頂きたいと思う次第だ。

平成二十四年、母は八十八歳の米寿を迎える事となった。今から五年前の九月十五日に「ユインチホテル」で開催する事となったが、猛烈な台風が押し寄せ雲行きがどうも怪しい。山原《やんばる》など遠くの親戚や招待客に交通の便などで被害が及ばなければいいがと心配したが、決行する事になった。本土の人ならこの場合、すぐに中止となるはずだが、沖縄の人は台風に慣れており、意外に平気なのだ。皆欠席することなく満員の人で賑わい、胸を撫で下ろした。ここでは、末弟の司会と、姪っ子が進行係として、会をスムーズに進める中、母の挨拶が始まった。誰もが固唾を呑んで見守る中、開口一番、

「皆さん今日は、私の為にわざわざおいで下さって有難うございます。本当はあの世に行きたいんですが迎えに来てくれないもんですから、今こうしてお祝いをしてもらいありがたく思っています」

母はどこまでも空気を読めない人だなーと冷や汗をかいたものだ。

毒舌家の母だが、ベッドから落ちて立ち上がれなくなった時の事。どうしてどうして、いざ「やばい」と思った時は、隣の姉や弟達を呼ぶのに台所まで這って行き、フライパンを取り出し大きなスプーンで「カンカン、カンカン、カンカン」と誰かが来るまで叩くのだ。さすが見事なジンブン（気転が利く）で難を逃れた。人は生きる事に執着するものなので、何もお祝いの席で変な事を言わなければと思う次第である。こんな母も今年で九十一歳になり、相変わらず耳は遠いが、とても元気で今も健在である。

今は弟の嫁さんが面倒を見てくれる事になり、穏やかな時間を過ごして週三回

のデイケアに通うほかは、パズルや塗り絵、編み物、ブロックなど手や頭を使ってボケ予防に専念している。特に一番の楽しみは世の中の動きを記した経済の本を読むことで、難しそうな本を買ってくるようねだる事が多い。

母は一日の大半を本を読む事に費やし、玄関先の狭い場所で椅子に腰掛け、うたた寝をしながら読書にいそしんでいる。近頃はあまり外に出なくなった。やはり体力が落ちてきた感があるので、もっと母の昔話を聞いてあげなくてはと思う今日この頃だ。

第十二章　長崎旅行

▲長崎のホテル「ローレライ」のカラオケボックス

平成二十八年七月十一日、母と私達姉弟（姉、私、弟、末弟）は、妹の住む長崎へ行く事になった。

人生の最後に子供達全員と「旅をしたい」との母の願いから実現した。姉弟らが揃って母と旅行をしたのは初めての経験だった。私達はそれぞれの思いを抱えて母との旅をどう過ごそうかとわくわくしながら、格安航空会社「ピーチ」の八時三十分発の航空機に乗り込んだ。母にとって最初の試練はタラップの手すりを使って昇ること。なんとか一番前の席で弟と座ることが出来た。一時間余りで福岡に到着、そこからレンタカーを借りて妹の住む佐世保へと向った。

その日はあいにく天気が悪く、薄暗い大きな雲に覆われた雨の中、弟が運転をして末弟は助手席でビデオを片手に奮闘。車内では後ろの座席で母を真中に私と姉は早速スマホから流れてくる藤山一郎の「なつかしのボレロ」を熱唱した。

二人とも声が大きいので、さぞ前の二人にはうるさかったに違いない。母は耳が遠いので問題ないが、普段はお前達の声は高すぎて「キンキン」すると怒る人だが、やはり旅となると気分が違うのか静かに聴いていた。

ようやく妹の嫁ぎ先に着くと、さっそくお昼ご飯で豪華な寿司の盛り合わせとオードブルが用意された。中でも、妹の手作りの蝦《えび》の味噌汁が絶品で最高のおもてなしを受けた。午後二時、妹も一緒に夕飯の買い出しに出かけ、ホテル「ローレライ」へ。

それぞれに部屋へ分かれて風呂に入り、夕方七時からホテルのカラオケボックスを貸切、カラオケを満喫した。

やはりトップバッターは一番上の姉だ。椅子から立ち上がりポーズを決め三曲を一気に歌うワンマンショーが始まった。次は妹の美しいソプラノの歌声、長崎の地元のコーラスグループに属し、こちらもまたランクが高い。

怖気づいた私は自分の番を予測してトイレに駆け込んだ。一応、気持ちの整理とトイレが近いせいだ。戻ってみると母も出席していて飲み物やら食べ物が運ばれる最中、私は意を決して歌い始めた。

すると、弟のビデオレターの中で「一生懸命歌っていますが、誰も聞いていません」なんて添え書きが写ったのには、カチンと来た（なんて失礼な奴じゃ）自分ではまあまあ歌えたと思ったのに、私だけメッセージが気に入らない。

妹の旦那さんと弟は秘密の酒トークで盛り上がる中、我が母が歌いだした。歌の好きな母だが、やはり、昔のテンポの遅い曲でも、ついていけず、姉が助け船を出し一緒に歌ってくれていた。

母の一番好きな「旅の夜風」から始まり、二曲目は「山小舎の灯《ともしび》」、三曲目の「高原列車は行く」からは、そろそろテンポに合わせられる様になってきた。続いて四曲目「リンゴの唄」など九十一歳にしては、よく歌い、声量があると感心したものだ。

そろそろ酔ってきた弟がついにマイクを握った。皆、固唾を呑んで待っていたのだ。

その歌う姿に、ウーマクー（やんちゃ）末弟のビデオレターがこれだ。

「態度はでかいのに声が小さい、よく見るとお腹もでかい？」

まったく笑わせるぜってとこかな。

末弟は妹と「糸」をデュエットするも、声量がありすぎてキンキンと聴きづらい。本人曰く「姉ちゃんに迷惑だったかな？」、そう君こそ大変迷惑しました、とさ、仕返しダー。

翌日ホテルで朝食を取り、いざ「ハウステンボス」へ出発。そこでは入り口近くで恒例の記念撮影。弟が母の車椅子を押して、サルビアやコスモスの花畑と風車の道沿いを歩いていたら、弟がソフトクリーム形のでっかい看板の置物を指して、母に一言。

「オバークリカムミー（お母さん、これ食べますか？）」と、いたずらをして聞くと、

「ウリガン、カマリインナー（こんなのがたべられるか）」と母が真面目に答えたので皆で笑ってしまった。

私達は建物のすばらしさより、「おみやげ」に気がいって母のデイケアの皆さんへのお土産と、家族と友人達のお土産をたくさん買い込んだ。

「ハウステンボス」は、欧風の建物と人工湖、緑の木々、たくさんの花畑（特に蘭）、そしてイベントや様々なショーが繰り広げられ、特に中々見られないという「ハウステンボス歌劇団」の華麗な舞台を観る事が出来たのは、得した気分で大変楽しかった。レストランでは妹の息子（ハウステンボス社員）を待ちながら、昼食を取る中、本人が時間を割いて来てくれたがランチを食べようとしない。

その訳は、

「他のスタッフもランチしてないから、自分だけ食べられへんやけね」

へえー、なんてすごい奴だなあーと甥っ子の優しさに感動したものだ。結局、話は母の心配の種「結婚話」である。

「誰か、いい人いないのかー」と母。

「いいや、それ所じゃなかけんね、忙しくて」と孫。

「そんじゃー沖縄から送ってやろか」

「いやー、送り賃が高くつくけん、よかとよ」

こんな会話で、「もういい年なので早く結婚しなさい」としつこいので写真を撮るからと、はぐらかすのが大変だった。それから美術館に入り「花のツリー」の前で写真を撮ったり、立体画の巨大名画に驚いたり、クルージングでハウステンボスを一周して改めて建物や景色の美しさに感動した。

また「恐竜の森」や「メルヘン不思議の森」など、孫達が喜びそうな場所もいくつかあり、また来たいものだと痛感したのである。時間はあっという間に過ぎ、ここで妹達と別れ福岡のホテルへと出発した。

レンタカーで向かう。「ナビ」を使うも、迷いながら二時間程かかってようやく夕方にホテルに着いた。知らない土地で道路の状況などわからず運転手はさぞ疲れたことだろうと思ったが、弟は一度も根を上げず、辛抱強いなと感心した。

旅の最終日になる十三日は、弟達の友人に会うため、どしゃぶりの雨の中ホテルを出て、まずお土産を買いに出発した。買い物を済ませ友人の勧めで行きつけの海鮮料理の専門店「魚庄」という海の近くのお店に案内された。

そこでは、目の前に生簀《いけす》があって、新鮮な魚がすぐ食べられるのだ。刺身、魚の煮付け、牡蠣《かき》の揚げ物、貝のお造りに舌つづみ、とても新鮮ですごくおいしかったので、皆感激しながら、お礼を言い合った。帰る時間が迫り私達は福岡空港へと向かい、午後五時の飛行機で那覇に到着。こうして二泊三日の旅が終わったのである。

九十一歳の母にとっては大変体力のいる旅だった筈だが、どんな時も愚痴《ぐち》をこぼさず、レンタカーでの長旅にも拘らずよく耐えたものだと感謝で一杯だった。

改めて母のメンタルの強さに感心し、わが母にまたしても完敗（乾杯）した次第である。

母は、常日頃私に、

「お前達は、私のこの歳まで元気でいきていられるかなー」と得意がって言っていたので、心の中で（なんも九十一歳の貴方に言われたくないな）と思ったが、今度の旅行で母の底力を思い知らされたのだ。

第十三章　お盆

沖縄では、旧暦の七月十三日に先祖をあの世からお迎えするお盆の事を「ウンケー」と呼んで仏壇を綺麗に掃除し、位牌を清め、香炉の灰をこして綺麗にし、花やお茶、お酒を供え提灯を飾るところは、本土と変わらない。

一般的にはサトウキビ二本、その他にスイカ、パイナップル、ブドウ、ミカン、リンゴなどが供えられる。

平成二十七年八月十五日、母から仏壇を引き継いだ兄夫婦の家で二度目のお盆を迎えた。私達兄弟、姉妹が集まって、ウンケー（先祖様を迎える事）とウークイ（お送りする事）を行うことになった。ウンケーは沖縄のしきたりで、ウンケージュウシー（炊き込みご飯）を仏壇にお供えし、ご先祖様を迎えるのだが、母は車いすから穏やかな表情で手を合わせ、今日の日を迎えられたことに感謝した。

母の言葉、

「ウートートゥ、ウヤファーフジー、チューヤシチガチヌ、ウンケーヌヒーナトービーン、クァンマガンスリチ、ムケービサビトーン、へーク、メンソーチ、クミソーレ、ウートートー（先祖さま、七月のお迎えの日です。子供、孫達揃ってお迎えしていますので早くいらしてください)」

旧暦の七月十五日、盆の三日目「ウークイ」での、母の言葉、「ウートートゥ、ウヤファーフジー、ウークィーヌヒーナトービーン、ムルシ、ウトィムチソービーグトゥ、ムッチメンソーチ、ウタビミソーリー、ウートートゥ(先祖さま、あの世に帰る日です。みんながお土産を持たせてあるので持って帰ってください)」

みんなでゆっくり時間を過ごし、ご先祖様にも名残惜しそうに、あの世に帰ってもらうのが習わしだが、せっかちな母はしびれを切らして、早く終わらせなさいと催促をする。

兄に代わって弟が仏壇から花瓶や茶碗、灰の香炉を下ろすと、「ここじゃないよー」「あっちにおけー」「ちがうあっちだよー」と言ったり、お金(紙幣)を燃やす時も、「だれだれからというんだよー」「最初は兄さん達から」「とうー次は誰ねー」「ちゃんとやれよー」と指図しては、やたらやかましい。相変わらず口が減らず元気があるので、皆一斉に「ワカトーサ(わかっている)」と大声で叫んだ。

本人は耳が遠いので状況が飲み込めない。お供え物の果物を「早く山分けしなさい」と落ち着かないのである。

巨峰は姉、スイカ、パインはお嫁さん、キウイ二個とリンゴ一個は私、オレンジ、リンゴは孫達、それからお餅は餡《あん》入りと白餅をそれぞれ分け合った。昔と違ってウークイでも九時ごろには終わっていて、女性達は早々と引き揚げるが、男性達は飲み会が始まり、酒を飲みながら夜遅くまで語り明かすのだ。

こうして二度目のお盆も無事に終わり母は安堵して、夜の十一時に就寝したのだった。

第十四章　読書

母の唯一の楽しみは、もっぱら読書に尽きる。それが、歳のわりに読む本のタイトルが凄いのだ。

例えば、『世界経済のトレンドが変わった』『2016年世界の真実』『文明と経済の衝突』等の、経済と世界情勢関連の本がやたら多い。とにかく貪欲にいろんなジャンルの本を読み漁り、最近ではミステリー小説にはまっている。

『麒麟の翼』『三人の殺意が交錯するとき』等をそれぞれ三日で読んでしまったのには、正直驚いた。私でさえミステリー小説はまだまだ苦手で、考えながら読み進めるのが大変なのだが……。

本を読むペースが速く「今度は推理小説がおもしろいので、暇があったら探してくれ」と頼まれるのだが、母の好きそうな本を選ぶのも一苦労である。好き嫌いが激しく、大抵は「まあまあ」だとか「おもしろくなかった」とか「あっちいったり、こっちいったりでチンプンカンプンだったよ」と、厳しい答えが返ってくるからだ。母が好みそうな作家は松本清張や東野圭吾、新しい本では知念実希人の「病棟シリーズ」や木下半太などがお気に入りなのだから、これからもますますミステリー小説を要求してきそうだ。本屋へ行く回数が増えるのも私の楽しみの一つになった。

他にも『死ぬまでになすべきこと』『神との対話』『魂の伴侶』『神様のカルテ』等、挙げればきりがないので省略するが、一つだけ唯一読まないのが「雑学本」である。

母が読んだ本は現在二十冊ほどしか残っていないが、時々読む本がないと、同じ本を繰り返し読むほど一日中、本から離れたことがない。読んだ本がとても気に入ると一つのシーンのあらすじや全体の感想を興奮しながら話す。その様子はとても九十一歳とは思えない。月、水、金は家で読書と毛糸編みを楽しみ、火、木、土、はデイケアでリハビリ、体操、ランチタイム、お風呂を済ませて午後四時ごろに帰宅する。自宅で読書に疲れると毛糸編みに夢中になり、孫のために弁当入れの巾着やポーチなどたくさん作りすぎて、覚えていない程なのだそうだ。

母のボケ防止に覚えている「詩」や「歌」について何かないかと尋ねてみた。

「おっかあー、詩でも歌でもなんでもいいから覚えているのがあれば言ってみてー、私は『雨ニモマケズ』だけど作者が誰だったかな？　確か下の名前は賢治だったとわかるけど、うーん、歌手の新沼謙治しか出てこないさあー」

「やさ、『雨ニモマケズ』アタトウサー（当たっているよ）」と母。

「違うよー、新沼謙治は歌手だよってば」

「あーあー、わかった橋幸夫ねー」

もう、まったく会話が成立しません。ちなみに、本当に忘れていたので友達に電話して「宮沢賢治」の名前を聞いた私もボケたか、ピンとこなかった。あんなに大好きな作家を忘れるなんてショックで少し落ち込んだのである。

また、近くの金城商店のおばさんが持参した「もやし」を、母と二人でひげ取りしながら談笑している姿はほほえましい。

敬老の日に、姉と私で歌の好きな母のためにカラオケハウス「とまと」に連れて行き、食事と歌を思いっきり満喫した。

現在は糖尿病の治療で母は病院に入院したが、人間ドックの検査で糖以外、体のどこも悪くないのだそうだ。栄養指導の先生からはたいへん褒められ、年齢のわりに元気で丈夫だと感心していた。

嫁さんの食事のコントロールが功を奏している。長寿の秘密はなんだろうかと聞いてみた。

本人いわく、一つ目は、食べ物において好き嫌いなく何でも食べるが、特に野菜チャンプルーに豚肉と豆腐は必ず入れる。小食にする。

二つ目に、足ティビチ（豚足の煮物）など、柔らかいものより硬いコリコリと歯ごたえがあるもの。

三つ目には、辛いものが好きなのでカレーや明太子、キムチ。その他に、はちみつ入り梅干しなど。

四つ目に、おやつにはイモやナッツ類、餅、ミカン、玄米ドリンク等を自ら買って食している。

五つ目は、ソーメンチャンプルー、これにはツナとネギ、タマネギを入れるのが大好きなのだそうだ。また以前病院に入院した際も腸の大掃除をしたこと等を挙げている。しかし、大好きな餅はカロリーが高いので控えるように注意されたとの事。

比嘉家において、また年齢においても母に敵う者はおそらく誰もいないだろうと確信をもった次第である。わが母に完敗（乾杯）じゃー。

我が母シズも二〇二一（令和三）年十二月二十七日に永眠しました。

自宅で脳梗塞で倒れて救急車で病院に運ばれてからは、原因不明の下痢に悩まされ、食事が取れないまま三ヶ月で亡くなってしまいました。元気だった頃の母を思い出すたび、もっと親孝行をすれば良かったと考えるのは、私だけでしょうか。

終わりに「母の旅行めぐり」と題して、母が日本各地を観光していた際の話を聞いていているうちに、その土地の有名な場所を本書にて紹介してみたいなと考えました。

母が特に覚えている土地について少しだけ感想を述べていますが、随分前のことで記憶が定かで無い箇所があり、私の方でなかば引っ張った感があります（名称や感想は当時のものです）。ご了承ください。

最後まで読んで下さりありがとうございました。

終わり

「母の旅行めぐり」

【北海道】

婦人会主催の旅行ツアーで雪が降ってとても寒かった。網走、富良野ラベンダー園に行った。タラバガニがでていたが、剥くのがめんどうで人にあげてほとんど食べなかった。また海サケを採る漁を見ることができたのが、印象に残っている。

（札幌時計台・富良野ラベンダー・美瑛フラワー公園・ムツゴロウ動物王国・大通公園・旭山動物園・定山渓温泉・阿寒摩周国立公園・国立アイヌ民族博物館）

【東北地方】

青森：りんご園で、木にたわわに実ったりんごをもぎ取って食べたのがとてもおいしかった事を覚えている。
（弘前市りんご公園・弘前城・十和田湖・八甲田山、ロープウエー・城ヶ倉大橋・清龍寺・弘前公園、桜の名所・岩城山・太宰治記念館「斜陽館」・三内丸山遺跡）

岩手：山が多くて、すごい所だなあ。わんこそばを五杯か六杯くらい食べた。
（国宝中尊寺金色堂・宮沢賢治記念館・平泉、古都・毛越寺・善光寺・大沢温泉盛岡城跡公園・八幡宮・遠野ふるさと村）

宮城：当時はあまり拓けていず、仙台城で伊達政宗についての話を聞いたような覚えがあり、航空自衛隊松島基地にも行ったがとても田舎だった。
（松島、航空自衛隊基地・青葉城・仙台城、伊達政宗・みちのく伊達政宗歴史館・白石城五大堂）

秋田：有名なきりたんぽを食べたがおいしかった。
（十和田湖・田沢湖・男鹿水族館・八郎潟・乳頭温泉郷・玉川温泉・角館武家屋敷・男鹿真山伝承館・秋田県立美術館）

山形：お米の産地なので家々は離れすぎて寂しい感じがあった。
（蔵王連邦、ロープーウエー・上杉神社・銀山温泉・立石寺・最上川・上山城・蔵王温泉・羽黒山五重塔・上山城郷土資料館）

福島：合津若松市に行った覚えがあり、ほかに日本酒の蔵元などを訪れた。
（鶴ヶ城公園・磐梯山・猪苗代湖・合津慈母大観音像・会津酒造歴史館・白虎隊記念館・会津武家屋敷）

【中部地方】

新潟：八月か九月頃だったと思うが、のっぺい汁の里芋を沢山食べた。

（磐梯山・白山公園・北方文化博物館・上杉謙信館・白山神社・佐渡金山遺跡）

富山：黒部ダムの土地は、元々は山々と田んぼや畑だったらしく建設には多くの人の努力と犠牲があって造られたのを聞いて驚いた。
（黒部ダム・富山城・松川公園・千体仏・清都農園、ラベンダー・東福寺野自然公園・世界遺産五箇山合掌造り・称名滝）

石川：婦人会の観光で輪島塗の金箔のお椀を見た記憶がある。
（金沢城・兼六園、日本三大名園・山中温泉・能登半島国定公園・金沢駅、「世界で最も美しい駅十四選」）

福井：福井県立歴史博物館は行った覚えはあるが、何が展示されていたかは覚えていない。
（福井県立歴史博物館・丸岡城・一乗谷朝倉氏遺跡・東尋坊・厚賀赤レンガ・大本山永平寺）

山梨：富士山に婦人会の旅行や姉との旅で三回くらい来ている。（富士山・富士五湖（本栖湖・西湖・精進湖・山中湖・河口湖）・大石公園・武田神社・甲州市勝沼ぶどうの丘・河口湖オルゴールの森・河口湖美術館）

長野：ちひろ美術館でかわいらしい絵を見て、気分が良かった。（軽井沢・松本城・戸隠神社・野猿公苑（猿温泉）・安曇野ちひろ美術館・上田城（真田昌幸）・諏訪大社・野沢温泉・大王わさび農場）

岐阜：白川郷に行った時、油味噌に似たみそをお土産に買ったと思う。（白川郷、世界遺産・岐阜城・飛騨高山・下呂温泉・岐阜大仏、経典紙・長良川温泉・飛騨民俗村）

静岡：浜名湖ではボートに乗って、目の前で魚がポンポン飛んで泳いだので面白かった。熱海では貫一・お宮の有名な像があって「熱海の海岸散歩する、貫一、お宮の」という唄が出てくる。

（三保松原（世界遺産）・久能山東照宮・浜名湖、浜名湖遊覧船・登呂遺跡・島田市博物館）

愛知：名古屋は見るところが多く色んな所に行ったが名古屋城が印象に残っている。

（名古屋城・大山城・熱田神宮・東山動植物園・国宝犬山城）

茨城：日光からだいぶ時間がかかって行った。

（袋田の滝・利根川・鬼怒川・偕楽園、日本三名園・好文亭・鹿島神宮）

栃木：日光東照宮は母が祖母を連れて旅館に二泊、父（夫）や姉を伴って三回くらい行ったのでよく覚えている。昔は確か金箔で華やかな建物だったと思うが、今はそれも無くなって寂しい感がある。

（日光東照宮（徳川家康）・五重塔・華厳の滝・中禅寺湖・鬼怒川温泉・那須高原）

群馬：東京日進織布の同僚と草津温泉に出かけて、楽しく過ごした。（富岡製糸場（世界遺産）・尾瀬ヶ原（日本最大の湿原）・草津温泉・伊香保温泉・谷川岳ロープウェイ・浅間山・桜山公園）

埼玉：ここも会社の同僚とよく遊びに行った。確かある工場で食物の工程を見学したが、何を作っていたのかは、忘れてしまった。（温泉郷・鉄道博物館・三井アウトレットパーク入間、観光第一位・川越商店街・喜多院）

千葉：会社の同僚とツアーでよく遊びに行った。お魚が豊富で新鮮だった。（成田山新勝寺・昭和の森公園・ホキ美術館・大江戸温泉物語浦安万華鏡・千葉市動物公園・日本寺・成田ゆめ牧場・市原ぞうの国）

東京：東京バスツアーで東京タワーや浅草寺を歩いた事や祖母と幼い娘（姉）を連れて上野動物園で似顔絵を描いてもらったりした場所で、いい所だった。

（東京タワー・浅草寺・隅田川・麒麟橋・上野動物園・上野公園・新宿御苑・東京スカイツリー・日本橋・増上寺）

神奈川：三浦海岸の海が沖縄の海と比較して、海だとは思わなかった。
（三浦半島（桜）・叶神社・西平畑公園（川津桜）・横濱ハーバー・江ノ島水族館・鎌倉長谷寺・高徳院（鎌倉大仏）・横浜中華街・箱根神社、彫刻の森美術館・鶴岡八幡宮・横浜赤レンガ倉庫・山下公園）

【近畿地方】

三重：伊勢神宮は祖母と幼い娘（姉）を連れてお参りをしたが、今のように有名な神宮だったとは思わなかった。
（伊勢神宮・伊勢志摩国立公園・夫婦岩・熊野古道・二見興玉神社・上野城・六華苑・皇大神宮・鳥羽水族館・横山天望台）

滋賀：日本一の琵琶湖には、ビワマスや他の魚が沢山いると母から聞いている。（琵琶湖・比叡山（延暦寺）・彦根城・黒壁・信楽焼・永源寺・近江神宮、天智天皇・園城寺、三井寺・甲賀の里、忍術村・琵琶湖博物館・石山寺・安土城跡、織田信長）

京都：京都は観るものがいっぱいあって、お寺や嵐山に行って漬物をお土産に買った。（金閣寺・銀閣寺・清水寺・興福寺・京都国立博物館・嵐山・南禅寺・下鴨神社・東山慈照寺・円山公園・東映太泰映画村・渡月橋・南禅寺・三十三間堂・天橋立・八坂神社・高台寺・平安神宮・天龍寺・平等院、藤原頼通）

大阪：姉が大阪（春木）に住んでいたので、一ヶ月くらいお世話になる。食い倒れの街並みで買物が多かった。（大阪城・住吉大社・ひらかたパーク・天王寺・なんばグランド花月・大阪城西の丸公園・万博記念公園）

兵庫：祖母と大阪の姉と三人で姫路城に行ったり、神戸市内を観光した覚えがある。
（姫路城：別名白鷺城・御倉神社・城崎温泉（志賀直哉の城の崎にて）・有馬温泉・明石海峡大橋・神戸市立王子動物園・南京町・メリケンパーク）

奈良：三人で、奈良公園やお寺を回って観光した。
（法隆寺・奈良公園・明日香村・東大寺・奈良大仏・飛鳥大仏・吉野山（山桜）・依水園（名園）・元興寺（世界遺産）・薬師寺と唐招大寺・奈良国立博物館）

和歌山：みかん畑に行って立ったままみかんをもぎ取って食べたと思う。
（那智の滝・千畳敷・白浜温泉・三段壁・熊野古道・熊野三山（世界遺産）・根来寺、漆発祥地）

【中国地方】

鳥取：砂丘で砂山がどこまでも広がっていて砂がさらさらしていた。
（鳥取砂丘・仁風閣・大山・鳥取東照宮・江島大橋・松江城山公園）

島根：婦人会の旅行ツアーで松江城と出雲大社を回った覚えがある。
（松江城・出雲大社・足立美術館（日本一の庭園）・玉造温泉・宍道湖・石見銀山遺跡（世界遺産）・島根県立古代出雲歴史博物館）

岡山：商人の町で昔の雰囲気があって、とても良い所だった。
（岡山城・倉敷美観地区、白壁の町・大原美術館・瀬戸大橋・岡山後楽園、日本三大名園）

広島：訪れた時は原爆の跡が生々しく、海の近くでほとんど家々が見当たらず寂しい所だった。

（厳島神社：平清盛・広島原爆ドーム・広島城・広島平和記念公園・広島県立美術館）

山口：孫のお嫁さんが山口出身で、その家族で案内をしてくれた。
（岩国城・錦帯橋、桜の名所・松陰神社・吉田松陰生家・萩・津和野・角島大橋・瑠璃光寺、日本三名塔・防府天満宮、菅原道真）

【四国地方】

徳島：山に囲まれて畑の小さい道をくねくねと曲がってバスで通った覚えがある。
（徳島城・鳴門海峡・眉山・祖谷のかずら橋・霊山寺・吉野川・薬王寺・阿波十郎兵衛屋敷）

香川：有名な讃岐うどんは、とてもおいしかった。
（香川郷・金比刀羅宮・屋島寺・旧金毘羅大芝居・津田の松原、日本の渚百選・

豊稔池ダム、日本最古の石積式マルチプルアーチダム）

愛媛：製紙工場は、中には入れず周辺をぐるっと回っただけだった。

（松山城・広島県尾道市～愛媛県今治市を結ぶ、しまなみ海道・道後温泉・今治城・製紙工場、紙のまち資料館・タオル美術館・観自在寺・別子銅山）

高知：よさこいで有名なはりまや橋と、四万十川に行った。また畑に出向いてゆずみかんを食べたと思う。

（高知城・桂浜、龍馬ゆかりの地・桂浜水族館・播磨屋橋・四万十川・足摺岬・竹林寺）

【九州地方】

福岡：婦人会の市内観光で回ったが、印象に残っていないのでよく覚えていない。

（福岡城・福岡ドーム・太宰府天満宮（菅原道真）・柳川・水鏡天満宮・住吉神

社・はかた伝統工芸館・二日市温泉・板付遺跡、板付弥生館）

佐賀：旅行ツアーで嬉野温泉に行った（今は「佐賀のがばいばあちゃん」で有名になったね）。

（佐賀城・唐津城・嬉野温泉・吉野ヶ里遺跡・伊万里焼・武雄温泉）

長崎：婦人会のツアーで長崎原爆資料館も見て回り大変だったんだと思った。

（浦上天主堂・ハウステンボス・グラバー邸・立山公園）

熊本：熊本城には二回行ったかな。加藤清正がつけていた鎧かぶとがあった。

（熊本城：日本三大名城・地獄谷温泉・通潤橋・別府温泉・阿蘇山・旧細川刑部邸・本妙寺・黒川温泉）

大分：長崎に嫁いだ娘とその育ての親を伴って温泉のはしごをして、よく訪れた場所である。

（湯布院・中津城・サンドイッチ型城下町・原尻の滝・別府温泉・海地獄・鉄輪温泉）

宮崎：日南市にモアイ像を見に行った覚えがある。

（鵜戸神宮・青島・高千穂・モアイ像・国内最大の帆立貝形古墳・宮崎神宮、初代神武天皇を祀る）

鹿児島：婦人会のツアーで、桜島に行った（NHK大河ドラマ「篤姫」で有名になった）。

（指宿温泉・龍宮神社・薩摩切子《きりこ》・桜島・屋久島の縄文杉・吉野公園・鹿児島維新ふるさと館・霧島神宮）

沖縄：平和祈念公園は、最初に戦死した夫の名前が刻まれているのでよく行っていたが、足が悪くなって、遠のいてしまった。

（平和祈念公園・首里城・沖縄美《おきなわちゅ》ら海《うみ》水族館・玉泉洞王国村・琉球村・沖縄こ

どもの国・ネオパークオキナワ・牧志公設市場・琉球ガラス村・大石林山・ガンガラーの谷・青の洞窟・斎場御嶽（祈りの聖地）・ニライカナイ橋・備瀬のフクギ並木・海中道路・今帰仁城跡・万座毛・辺戸岬）

【母へのメッセージ（一）】

母について書こうとすればあまりにも多くのことが思い出され、とても一筆では書ききれない程ですが、九十四歳の現在に至るまでその人生は父が他人の保証人となった事で総勢十五人の家族の生活と負債を背負い、寝る間も惜しんで働きづくめの波乱万丈の人生でした。

どんな逆境においても時代を受け入れ、逞しく家族を守り抜く姿勢は祖母の生き方そのものであり、母を見ると祖母の凛とした立ち姿が思い出されます。また常に前向きで好奇心が旺盛なのも多くの読書意欲に繋がっていて他人に頼らず迷惑をかけたくないと日々頑張っています。母のことを書いてくれた妹に感謝し後々の子や孫に良いバイブルとなることでしょう。お母さん、苦労した分もっと長生きをして大好きな本でもっともっと人生を全うしてほしかったです。

長女――

【母へのメッセージ（二）】

若い人より、読書で頭を鍛え、「ユンタク、ヒンタク（よくしゃべること）」で、口を鍛え、持病の糖尿病にも負けずカジマヤー（九十七歳）まで生きててほしかったが、やはり病には勝てなかったんだね。あの世で父と喧嘩せず、仲直りして成仏してください。

三男――

あとがき

現在の豊かな生活が出来る時代の中で、私達は何不自由なく生きているが、すべては過去の歴史から導かれた現在である。これからの未来をどう生きていくのか、強くたくましく生き抜くための知恵やヒントが少しでも得られればと、友人、知人に勧められ、まとめてみたのが我が母シズの生きてきた人生についての回想録だ。

幼い頃の貧しい環境の中で自分の道をはっきり捉え、戦争という悲惨な体験の中で生き抜く技を身につけ、恵まれた人々との出会いに導かれ、育まれた血と汗の力強い人間の生き様をここに記す事が出来たこと、本当に嬉しく思います。

【母の読書録】

『2016年世界の真実』長谷川慶太郎［著］、ワック
『ニュースの〝なぜ？〟は世界史に学べ：日本人が知らない100の疑問』茂木　誠［著］、SBクリエイティブ
『世界ウルルン滞在記：旅ではじけた11人の新しい魅力』TBSサービス、青春出版社
『10年後躍進する会社 潰れる会社』鈴木貴博［著］、KADOKAWA
『君はこんなワクワクする世界を見ずに死ねるか⁉』田村耕太郎［著］、マガジンハウス
『沖縄だれにも書かれたくなかった戦後史』佐野眞一［著］、集英社
『日本人になりたいヨーロッパ人：ヨーロッパ27カ国から見た日本人』片野　優、須貝典子［著］、宝島社
『あっ！命の授業』ゴルゴ松本［著］、廣済堂出版
『「証言・沖縄戦」戦場の光景』石原昌家［著］、青木書店
『官生物語』赤嶺精紀［著］、史誉出版社

『魂の伴侶：傷ついた人生をいやす生まれ変わりの旅』ブライアン・L・ワイス［著］
山川紘矢、亜希子［訳］、PHP研究所
『神との対話』ニール・ドナルド・ウォルシュ［著］吉田利子［訳］、サンマーク出版
『グソーからの伝言』比嘉淳子［著］、双葉社
『「病気にならない生き方」2 実践編』新谷弘実［著］、サンマーク出版
『快眠！美容！クヮンソウ主義』江口直美［著］、沖縄スーパーコンテンツ株式会社
『食べ物と健康おもしろ雑学』落合　敏［監修］、梧桐書院
『からだの大常識』丸山　敬［監修］山内ススム［著］、ポプラ社
『食品の裏側：みんな大好きな食品添加物』安部　司［著］、東洋経済新報社
『日本人はなぜ中国人、韓国人とこれほどまで違うのか』黄文雄［著］、徳間書店
『池上彰のこれが「世界のルール」だ！』池上　彰［著］、文藝春秋
『日本人が知らない世界中から愛される日本』井沢元彦［著］、宝島社
『シンメトリー』誉田哲也［著］、光文社
『ここがポイント!! 池上彰解説塾』池上　彰［著］、海竜社

『学校では絶対に教えない植民地の真実：朝鮮・台湾・満州』黄　文雄［著］、ビジネス社
『「イスラム国」よ』鎌田　實［著］、河出書房新社
『運命の人』山崎豊子［著］、文藝春秋
『極限トランク』木下半太［著］、ＰＨＰ研究所
『麒麟の翼』東野圭吾［著］、講談社
『三人の殺意が交錯するとき』与世田兼稔［著］、文芸社
『仮面病棟』知念実希人［著］、実業之日本社
『時限病棟』知念実希人［著］、実業之日本社
『世界でもっとも貧しい大統領　ホセ・ムヒカの言葉』佐藤美由紀［著］、双葉社
『長谷川慶太郎の大局を読む』長谷川慶太郎［著］、徳間書店
『十津川警部捜査行　日本縦断殺意の軌跡』西村京太郎［著］、双葉社
『びわこ由美浜殺人事件―さすらい署長・風間昭平』中津文彦［著］、光文社
『禁断の魔術』東野圭吾［著］、文藝春秋
『上野駅殺人事件』西村京太郎［著］、講談社

『殺人犯はそこにいる：隠蔽された北関東連続幼女誘拐殺人事件』清水　潔［著］、新潮社
『どちらかが彼女を殺した』東野圭吾［著］、講談社
『レンタルチャイルド：神に弄ばれる貧しき子供たち』石井光太［著］、新潮社
『殺人初心者─民間科学捜査員・桐野真衣』秦　建日子［著］、文藝春秋
『刑事の子』宮部みゆき［著］、光文社
『暴虐─強請屋稼業』南　英男［著］、徳間書店
『満願』米澤穂信［著］、新潮社
『告白』湊かなえ［著］、双葉社

著者略歴

安座間美智恵（あざま・みちえ）

1953年、沖縄県宜野湾市生まれ。
聖徳女子短期大学卒業後、沖縄で38年間教職に就き、59歳で退職。
その後、学童、塾教師、保育園の補助員を経て、現在、隠居生活を満喫。

シズおばーに乾杯！　沖縄を生き抜いた型破りな母と愉快な家族

2023年9月18日　第1刷発行

著　者　安座間美智恵
発行人　大杉　剛
発行所　株式会社 風詠社
〒553-0001　大阪市福島区海老江5-2-2
大拓ビル5-7階
TEL 06（6136）8657　https://fueisha.com/
発売元　株式会社 星雲社
（共同出版社・流通責任出版社）
〒112-0005　東京都文京区水道1-3-30
TEL 03（3868）3275
装幀　2DAY
印刷・製本　シナノ印刷株式会社

ISBN978-4-434-32705-6 C0095